GUSTAVO A. CASTAÑEDA S.
EL CONGRESO DE 1924

EL CONGRESO DE 1924
Gustavo Castañeda

©Colección Erandique
Supervisión Editorial: Óscar Flores López
Diseño de portada: Andrea Rodríguez-Lilyana Gálvez
Administración: Tesla Rodas y Jessica Cordero
Director Ejecutivo: José Azcona Bocock

Segunda Edición de Colección Erandique
Tegucigalpa, Honduras—Agosto de 2024

Gustavo A. Castañeda S.

Ningún Congreso, como el presente, tendrá en los destinos de la República, mayor resonancia y responsabilidad. De él se hablará por muchas décadas. Lo recordarán las generaciones futuras, sea como ejemplo de virtud republicana o como un baldón de ignominia, como una reunión de traidores al mandato del pueblo, que pospusieron a sus mezquinos intereses los altos y nobles de la Patria.

«El Marino». – Puerto Cortés, 12 de enero de 1924

ÍNDICE

MÚSICA EN MEDIO DE LA BALACERA 7
CAPÍTULO I: ANTECEDENTES..11
CAPÍTULO II: ACLARACIONES 15
CAPÍTULO III: SESIONES PREPARATORIAS 17
CAPÍTULO IV: ELECCIÓN DE LA DIRECTIVA 21
CAPÍTULO V: EL SALÓN DE SESIONES..27
CAPÍTULO VI: INSTALACIÓN DEL CONGRESO 31
CAPÍTULO VII: ARRECIA LA IMPOSICIÓN...35
CAPÍTULO VIII: DOS DÍAS SIN SESIÓN 41
CAPÍTULO IX: PROTESTA OLVIDADA 43
CAPÍTULO X: EN ACECHO..47
CAPÍTULO XI: DOS DÍAS MÁS SIN SESIÓN 49
CAPÍTULO XII: INCORPORACIÓN DE LOS NUEVOS DIPUTADOS...51
CAPÍTULO XIII: ELECCIÓN DE DESIGNADOS 53
CAPÍTULO XIV: MOCIÓN SOBRE EL ESTADO DE SITIO 57
CAPÍTULO XV: SESIONES DE NADA 59
CAPÍTULO XVI: DICTAMEN DE ESCRUTINIO 61
CAPÍTULO XVII: INCIDENTE DE NULIDAD 65
CAPÍTULO XVIII: DICTAMEN QUE NO ES DICTAMEN 77
CAPÍTULO XIX: COMENTARIOS A LA LIGERA.....................................85
CAPÍTULO XX: TRES CARIÍSTAS CONTRA OTRO 87
CAPÍTULO XXI: RECHAZO DE LA NULIDAD.......................................91
CAPÍTULO XXII: PRELIMINARES DE ELECCIÓN 97
CAPÍTULO XXIII: PRIMERA VOTACIÓN 101

CAPÍTULO XXIV: PACTO CARÍAS-ARIAS 105
CAPÍTULO XXV: MR. FRANKLIN E. MORALES 113
CAPÍTULO XXVI: ÚLTIMOS SUCESOS DE ENERO 115
CAPÍTULO XXVII: RECAPITULACIÓN 125

MÚSICA EN MEDIO DE LA BALACERA

En medio de la matanza, una tarde, en pleno Parque Central de Tegucigalpa, cerca de la estatua del general Francisco Morazán, se puso a tocar una orquesta. Con trombones y violines pretendieron silenciar el estruendo de los cañones y los fusiles, y los gritos de los heridos.

¿Cómo se había llegado a esos días de barbarie? Este libro nos cuenta interioridades del Congreso Nacional de 1924, encargado de elegir al nuevo presidente de Honduras, y nos da algunas luces de las causas de la peor guerra civil de nuestra historia.

Los diputados de Tiburcio Carías Andino, los de Policarpo Bonilla y los de Juan Ángel Arias, consideraban que su respectivo líder tenía el legítimo derecho para ser nombrado presidente de la República. Así fue imposible llegar a un entendimiento.

Las bases para la guerra civil estaban puestas.

Aprovechándose del caos, el general Rafael López Gutiérrez declara el estado de sitio y anuncia que continuará en el poder. En otras palabras, se convierte en dictador.

Esta obra cuenta detalles de las sesiones legislativas, las triquiñuelas de la clase política para torcerle el brazo a la legalidad, su ambición desmedida y su cinismo.

Los diputados del Congreso Nacional de 1924, unos más, otros menos, y los líderes de tres partidos políticos, además del presidente Rafael López Gutiérrez, encendieron la hoguera en la que ardió Honduras durante tres largos meses.

La guerra del 24 nos dejó innumerables lecciones, entre ellas: no es con fusiles o bombas, ni con machetes o guarizamas, que se arreglan los problemas del país. ¡Aprendamos de las lecciones del pasado!

Óscar Flores López
Editor Colección Erandique

Resumen histórico del Congreso Nacional de 1924

LIMINAR

Desde en los días en que se celebraban las sesiones de célebre Congreso Nacional de 1924, se le enrostró falta de ecuanimidad y de patriotismo porque no verificaría la elección de Autoridades Supremas para el periodo constitucional de 1924 a 1928. Y desgraciadamente, quienes más obcecadamente le lanzaban el *gratuito cargo*, eran aquellos que mejor sabían por qué no se hacía la elección y quiénes eran los interesados en que no se practicara.

Hay más: lo más acre del cargo era endilgado a los diputados cariístas, que en el curso de las sesiones no tuvieron más falta que haber querido una componenda honorable que sorteara para la República los peligros de una revolución que la imposición gubernativa había condensado.

En aquel tiempo, toda defensa para la Cámara de Diputados hubiera sido no solo inoficiosa, si no tildada de parcial; hoy han pasado muchos días desde aquel tiempo y se han desarrollado muchos acontecimientos que han aclarado el horizonte sombrío en que nos tocó actuar. Eso nos mueve a escribir este resumen, para que el pueblo hondureño juzgue a sus representantes en aquella Asamblea y deduzca a quien corresponde la responsabilidad de las revoluciones que han sido consecuencia inevitable del espíritu sectarista irreductible que en dicho Congreso predominó.

Tal vez tengamos que hacer algún comentario desagradable, pero siempre narraremos la verdad, a base principalmente de las actas de las sesiones, que dicho sea de una vez, no son ni el reflejo de lo que sucedió: están mutiladas y arregladas, pero dicen mucho.

La verdad duele, pero la diremos aun confesando nuestros propios errores; y con ella nos daremos la justicia que todos callan y que nadie nos ha querido dar.

CAPÍTULO I: ANTECEDENTES

El Gobierno del general López Gutiérrez pesó como una losa de plomo sobre el pueblo hondureño.

El desbarajuste económico, moral, administrativo y político, agravado con la intransigencia banderiza principalmente de los dos primeros años, hizo que los caídos pensaran siempre en la campaña electoral de donde debía surgir el sucesor presidencial; y el partido del poder, mal llamado liberal, también pensó en esa campaña electoral para hacer elegir un hombre que prolongara las granjerías de aquel periodo.

Los conservadores, como se nos ha llamado, no vacilamos en prestigiar la candidatura del doctor y general Tiburcio Carías Andino, viejo liberal, pero honrado, patriota y sincero. Los colorados no estuvieron acordes en el candidato, pues mientras unos rodearon al doctor Policarpo Bonilla, otros se adhirieron al doctor Juan Ángel Arias; y más tarde, como medida política, subrepticiamente el Poder Ejecutivo incubó la candidatura del doctor Vicente Mejía Colindres. Sin embargo, el presidente López Gutiérrez y sus familiares y allegados, soñaron con la Presidencia del doctor Carlos Lagos, cuñado de López Gutiérrez.

La campaña electoral quedó de hecho abierta el 10 de julio de 1922, y dados los tanteos del Poder Público, era la candidatura Carías la que llevaba la ventaja, porque en los caídos, si bien había tránsfugas, no hubo vacilaciones ni desunión. Solo nos cohibía el Estado de Sitio, sostenido como una amenaza sobre el Partido Nacional, y que fue levantado ya muy tarde.

Además del Estado de Sitio, el Poder Ejecutivo había firmado el Pacto del Tacoma, en aguas de Amapala, con los presidentes de El Salvador y Nicaragua, al parecer para asegurar la paz, pero en realidad fue como uno de tantos medios para burlar la voluntad popular que los liberales sabían no les era propicia. Y por si ello no fuera suficiente, en febrero de 1923 firmaban en Washington los célebres pactos de ese nombre, que eran el golpe maestro, pues teniendo el propósito de ejercer coacción sobre el electorado, aunque llegara la protesta armada, no reconocerían los Estados Unidos el Gobierno emanado de la revolución.

Por todo eso y porque más o menos conocíamos los designios del Gobierno, fue que jamás fiamos en la sinceridad de las dos circulares que a continuación copiamos: ellas no eran más que medios de adormecer al pueblo y de aparecer ante el mundo como servidores leales a la ley.

Comandantes de Armas y Gobernadores Políticos

«Casa Presidencial, 13 de diciembre de 1922. – Convencido de que la libertad del sufragio es una de las bases principales sobre que descansa el edificio de la verdadera democracia, así como también de que es el único medio de afianzar el bienestar nacional, y siendo esta la bandera de la revolución que acaudillé en 1919, he sustentado el propósito inquebrantable de mantener incólume ese hermoso principio consignado en nuestra Carta Fundamental. Como presidente de la República he declarado en diferentes ocasiones que mi mayor anhelo es que el pueblo hondureño, haciendo uso del derecho que la ley le otorga, escoja libremente el ciudadano que deba regir los destinos de la Nación en el próximo periodo constitucional, no solo para no hacer frustráneo el esfuerzo del patriotismo hecho en 1919, sino para evitar los graves males que son la consecuencia lógica de toda imposición.

No dudo que usted estará identificado conmigo en tales propósitos y en el deseo de que haya unidad en acción en todos los empleados principales de mi Gobierno, espero que usted dentro de su jurisdicción respetará y hará respetar estrictamente la más amplia libertad electoral sin permitir a ninguna autoridad coacción en ninguna forma, ni haga propaganda directa o indirectamente a favor o en contra de determinada candidatura, ya que el Gobierno no tendrá ninguna. Y como esta determinación es firme y no habrá nada ni nadie que me haga desistir de ella, excito a todos los que ocupan puestos públicos para que si no están de acuerdo con mi modo de pensar, se sirvan enviar su renuncia al Ministerio respectivo, pues de lo contrario me veré obligado a separar de su empleo al funcionario público que infrinja la presente circular, una vez que se compruebe su falta.

Esperando su pronta y satisfactoria contestación, me es grato suscribirme de Ud. S. S. – R. López G.»

«Casa Presidencial, 8 de octubre de 1923. – Señor Comandante y gobernador.

Reitero a usted mi orden de mantenerse durante la presente lucha cívica en la neutralidad más estricta. Recomiendo a usted respetar y hacer respetar la libertad electoral, concretándose a mantener el orden y a dar garantías efectivas a los ciudadanos. El Gobierno solo tiene interés en que durante la presente campaña, la libertad del pueblo se manifieste libremente; y espero que usted, que ha servido a mi Gobierno con toda lealtad y honradez, contribuya en esta ocasión a que en completa paz, al amparo de la ley, el pueblo hondureño elija su gobernante. Deseo volver a la vida privada dejando para el futuro arraigada en el pueblo la confianza en sus instituciones y en los gobernantes, para que la democracia sea un hecho positivo. Acúseme recibo; y al interpretar mis sentimientos en favor del pueblo, espero que su cooperación será como lo demandan las circunstancias: de provecho para Honduras. – Afmo. – R. López G.»

Hermosísima literatura, pero muy barata. No fue posible que López Gutiérrez destituyera a ningún empleado, por más quejas que se dieron; y como consigna, todos, o casi todos, se esforzaron en hacer triunfar al candidato colorado de sus simpatías.

Y por bajo, el mismo López Gutiérrez y sus ministros ordenaban toda clase de obstáculos al Partido Nacional. Véase esta circular del Ministro de Gobernación, encargado de hacer efectiva la libertad electoral:

«Tegucigalpa, octubre 29 de 1923. – Señor gobernador político. – Circular. – El cariísmo tuvo anoche ciento cincuenta votos sobre bonillistas y arismo. Creo que no debemos dejar perder el país, el partido y el poder. Procure usted que haya el mayor número de Arias y Bonilla y *así sea el Congreso el que resuelva la elección*. Yo asumo la responsabilidad de todo. – Ángel Zúñiga Huete.» Clave N° 8.

La imposición electoral fue feroz en toda la República, y la mayoría absoluta numérica que el Partido Nacional había obtenido, se la quitaron valiéndose de todos los medios: palos, cárcel, arraigo, boletas de ciudadanía falsas, delincuentes y extranjeros votantes, suplantación de votos, etcétera.

No hace a nuestro propósito historiar la campaña electoral, por lo que solo someramente nos referimos a ella para que se vea en las condiciones difíciles y arriesgadas en que llegamos a las curules del Congreso Nacional.

Sin embargo de la salvaje presión gubernativa, el Partido Nacional ganó cinco asientos en el Congreso, que le disputaron a sangre y fuego porque ello desbarataba en mucho los planes de la camarilla del Gobierno.

Después de los chanchullos secundarios, después de verificadas las elecciones, el resultado de estas fue el siguiente:

Base de electores..106,266
Doctor y General Tiburcio Carías A..........................49,953 votos
Doctor Juan Ángel Arias...20,839 votos
Doctor Policarpo Bonilla ....35,474 votos

Dejaron de concurrir por diversas causas despreciables como el temor a un zafarrancho, más de cuarenta mil electores inscritos.

CAPÍTULO II: ACLARACIONES

El 1° de junio de 1923 había sido decretada la amnistía con el fin ostensible de que regresaran los emigrados a tomar parte en la campaña cívica, pues siempre cuidó el Gobierno de que fuera del territorio de la República se creyera que las elecciones eran libres y que lo que iba a resultar no era más que fruto del espíritu levantisco del nacionalismo. La amnistía no era más que una nueva trampa política: se quería que la mayor suma de hondureños estuviera al alcance del Gobierno, creyendo que así impediría o controlaría la revolución que el mismo Gobierno había condensado y a la cual desconfiaba.

La calma no pudo reinar desde el principio de la lucha electoral porque todos y cada uno de los ciudadanos veía en todo acto del Gobierno una nueva emboscada.

Pasadas las elecciones, con el resultado que dejamos consignado, el cariísmo sostuvo siempre que había obtenido la mayoría absoluta exigida por la ley; y el Gobierno, por su parte, al par que la negaba puesto que con sus fraudes la había quitado, empezó la segunda parte de la imposición que consistió en amedrentar al pueblo con actos drásticos e impedir que algunos o todos los diputados nacionalistas concurrieran a las sesiones del Congreso.

Para poder tener alguna libertad de acción, el Ejecutivo hizo circular que el Partido Nacional no solo intentaba un golpe revolucionario, sino la subversión de las instituciones del país; y con este fundamento decretó como medida preventiva el Estado de Sitio el 16 de diciembre de 1923. Al amparo de ese Estado de Sitio se cometieron asesinatos como el del doctor Emilio Williams, se llevó a la cárcel a diputados como don Luis F. Lardizábal, se dio orden de arraigo al diputado licenciado Audato Muñoz, y se obstaculizó de manera casi brutal la concurrencia de otros diputados como el doctor Luciano Milla Cisneros y el que esto escribe.

El plan no era sencillo, pero dichosamente fue sencillamente burlado: se trataba de que, por cualquier medio, tres o cuatro diputados cariístas dejaran de llegar al Congreso. No hubo especial selección, pero a ello se debió que a varios no se les diera viáticos, a sabiendas de que eran pobres, y todo el cúmulo de dificultades y amenazas que nos llegaron desde el día de nuestra elección.

En el curso de las sesiones veremos ese mismo empeño de eliminación, negándose a nuestra incorporación sin más causa que la mayoría en que se hallaba el arismo, autor de la intriga.

Ya en el Congreso, se vieron claras tres tendencias inconciliables: el arismo, en número de dieciocho diputados, dispuesto a jugar cualquier carta con tal de que la elección recayera en el doctor Juan Ángel Arias y obstaculizando sistemáticamente toda otra tendencia.

El policarpismo, en número de nueve diputados, dispuesto a poner en juego todo para que el Congreso no hiciera la elección, si esta no recaía en el doctor Policarpo Bonilla.

Y el cariísmo, en número de quince diputados, defendiéndose de la imposición armada del Poder Público aliado con el arismo, y de las añagazas políticas del policarpismo; y a la vez, dispuesto a cualquier arreglo que honradamente evitara la guerra civil, para la cual no estaba preparado.

Alrededor de esos puntos de vista operó el Congreso, y a ello se debió que no hubiera elección, triunfando así las cábalas del doctor Bonilla.

CAPÍTULO III: SESIONES PREPARATORIAS

Bajo la Presidencia del ministro de Gobernación, licenciado Ángel Zúñiga Huete, y en la fecha de ley –21 de diciembre–, se celebró la primera sesión preparatoria: asistieron veintisiete diputados y el director provisional fue integrado así: presidente, doctor Miguel Oquelí Bustillo; y secretario, doctor José Blas Henríquez, ambos aristas. Estos ganaron la mesa provisional porque ese día estaban en mayoría, ya que a la sesión concurrieron quince aristas, seis policarpistas y seis cariístas.

Esta victoria fue anunciada a la República por el arismo, con gran estruendo, presagiando el éxito completo de sus combinaciones, creyendo tal vez que ellos harían que no asistiéramos por miedo a muchos cariístas.

Siendo obligación llamar a los demás diputados para lograr el quorum, lo habían hecho anticipadamente, y entre las respuestas estaba la del diputado propietario por Ocotepeque, doctor Virgilio Rodezno, negándose a concurrir por motivo de enfermedad. El doctor Rodezno, según su confesión, no perteneció a ninguno de los bandos, pero había manifestado que de asistir al Congreso daría su voto al general Carías. El arismo emprendió campaña para hacer que el doctor Rodezno se excusara, y lo logró.

La Mesa Directiva, aun antes de saber si el Congreso pleno aceptaba la excusa del doctor Rodezno, presentada por telégrafo y sin ninguna prueba, decidió llamar a un suplente. El diputado policarpista Ramón Guzmán M. se opuso a ello, fundándose en que no había necesidad, puesto que estaba para completarse el quorum; pero para algo el arismo tenía mayoría en la sesión, y al tomarse la votación se decidió llamar al diputado suplente José María Ardón U., arista.

El cariísmo cometió la torpeza de ayudar en este llamamiento al arismo, creyéndolo hasta entonces menos peligroso que el polismo, pues de ese bando era el otro suplente, licenciado Juan José Villeda.

El Congreso empezaba, pues, con una imposición del arismo, al que soplaban buenos vientos desde ese día, y desesperado por completar su cálculo, dejaba ya ver las cartas con que jugaría.

La farsa empezaba bajo buen pie.

Nunca, antes de esa fecha, en toda la historia de Honduras, habían concurrido tantos diputados a la primera sesión preparatoria; por lo general solo concurren a ella cinco u ocho que hacen esfuerzos inauditos para completar el quorum el 31 de diciembre; pero el Congreso tenía importancia excepcional, y excepcionales fueron todas las circunstancias que lo rodearon.

A la segunda sesión preparatoria, celebrada el 24 de diciembre, concurrieron seis diputados más: dos policarpistas y cuatro cariístas.

Inmediatamente de aprobada el acta, el diputado arista Matías Oviedo pidió reconsiderar el punto de acta en que constaba se había recibido su voto al diputado Carlos Izaguirre V., fundado en que no se le había calificado la credencial. Dichosamente ese día no prosperó la maquinación fraguada para descartar cinco diputados cariístas. Todavía había algo de pudor y no se violaba la ley, a lo cual contribuía el hecho de que el arismo no estaba completo, y aún uno, el licenciado José María Sandoval, votó contra la pretensión de sus colegas y correligionarios. El diputado policarpista, doctor Salvador Corleto, votó por la reconsideración, según dijo, para ver hasta dónde llegaba la ironía contra la ley.

En vista de su derrota, el diputado Oviedo pidió que se consignara su protesta, en virtud de que su reconsideración no prosperó porque se había recibido el voto a los diputados Izaguirre, Daniel Rápalo Bográn y Luis F. Lardizábal, no incorporados aún.

En esta sesión se abordó otro asunto importante. En las elecciones de octubre habían sido electos dos diputados por las Minorías, ilegalmente porque no habían sido elecciones ordinarias, que era el caso contemplado por la Ley de Elecciones. El doctor Corleto hizo la pregunta, y Oviedo la moción de que se llamara a esos diputados de las Minorías, que eran el licenciado J. Ernesto Alvarado, arista, electo en Cortés, y el doctor Ricardo D. Alduvín, electo en Copán; la moción fue desechada por un voto de mayoría.

Debemos advertir, además, que a pesar de no ser elecciones ordinarias las de octubre de 1923, la Junta Central no había declarado la elección por falta del número necesario de agentes, y a más porque eran electos en un solo departamento, contra la prescripción de la ley.

Para evitarnos repeticiones en la afiliación política, damos por anticipado la nómina de los diputados:

Congreso Nacional de 1924

PARTIDO NACIONAL o Cariísmo

Doctor Ramón Alcerro Castro, perito mercantil Salomón Bueso V., doctor Felipe Cálix, profesor Gustavo A. Castañeda S., don Ignacio Durón Mena, doctor Horacio Fortín M., profesor Carlos Izaguirre V., don Luis F. Lardizábal, doctor Luciano Milla Cisneros, doctor Isidro Moncada, doctor Audato Muñoz, doctor Rafael Muñoz Cabañas, ingeniero Daniel Rápalo Bográn, doctor Pompilio Romero, doctor Carlos Torres.

PARTIDO LIBERAL CONSTITUCIONAL o Policarpismo

Don Venancio Cervantes, doctor Salvador Corleto, perito mercantil Ramón Guzmán M., doctor Vicente Mejía Colindres, doctor J. Inés Rápalo, coronel Pedro Rivas, don Tiburcio Rodríguez L., doctor Carlos Romero, don Ángel Sevilla.

PARTIDO LIBERAL o Arismo

Don José María Ardón U., doctor Teófilo Canales, doctor José del Carmen Carrasco, doctor Manuel Corea Bueso, doctor Antonio Gómez Romero, doctor José B. Henríquez, don Simeón H. Hernández, doctor Emeterio Lanza Ramos, don Edmundo Lozano A., doctor Carlos Muñoz M., doctor Miguel Oquelí Bustillo, doctor José Oquelí Hernández, don Matías Oviedo, licenciado Arturo Pineda Arias, doctor Antonio R. Reina, doctor José María Sandoval, doctor Servando Ulloa, profesor Salomón Sorto Z.

CAPÍTULO IV: ELECCIÓN DE LA DIRECTIVA

Estando completo el quorum constitucional el 31 de diciembre, se celebró la última sesión preparatoria ese mismo día con la concurrencia de cuarenta diputados, de los cuales eran cariístas catorce, aristas dieciocho y policarpistas ocho.

Desde mucho tiempo antes el arismo había puesto en juego todos sus recursos para ver de ganar la Directiva del Congreso Constitucional; y el propio doctor Oquelí Bustillo anduvo personalmente entre los miembros de los otros bandos, buscando votos para él mismo, como presidente. Dicho se está, en vista del resumen de filiaciones, que si cada bando patrocina su propia cédula, la victoria del arismo casi estaba asegurada; pero el doctor Bonilla – adversario irreconocible del doctor Arias– no podía tolerar ninguna ventaja para el mismo, y nosotros no podíamos ni debíamos dejar el triunfo al bando que más nos odiaba y que ya había empezado su lucha, queriendo negarnos voz y voto a los diputados de reciente elección.

Sin embargo de lo anterior, el cariísmo no buscó alianza con nadie, sabido como estaba de que solo perdería la partida y que los otros dos bandos eran protegidos del Ejecutivo. Bajo esta impresión, estábamos conformes ya con que triunfara el arismo porque ningún medio teníamos para contrarrestar el número, aun cuando teníamos seguridad de que solos tampoco ganarían, pues siendo dieciocho les faltaban cuatro votos para ganar la elección; y en ese caso no hubiera habido esta y el Congreso no se hubiera instalado el 1° de enero de 1924.

En esta situación, el policarpismo se acercó a nosotros la noche del 20 de diciembre a proponernos que entre los dos bandos eligiéramos una mesa mixta. Ni siquiera vacilamos para aceptar la propuesta, porque aun sabiendo la proverbial doblez del policarpismo, nada arriesgábamos y sí podíamos ganar algo; y por otra parte nos convenía a todo trance que el Congreso se instalara porque no desconfiamos de que al fin reconocieran la justicia de nuestra causa.

Para ser enteramente veraces y exactos, debemos decir que antes del 30 de diciembre, el policarpismo nos propuso la alianza, pero no la aceptamos porque patrocinaban presidente al doctor Salvador Corleto, que por su gestión contra nosotros en el Gabinete de López Gutiérrez no nos merecía confianza; pero en el curso de las plásticas hasta llegar a la noche citada del 30 de diciembre, amainaron y aceptaron nuestra candidatura.

Formalizado el compromiso, llegamos a la sesión del 31 y fuimos a la elección; por las andanzas del doctor Oquelí Bustillo, en la elección de presidente hubo empate. Antes de pasar adelante, debemos confesar que haciendo el recuento de votos vimos y convinimos en la necesidad absoluta de que cada uno de los candidatos se diera el voto a sí mismo. El doctor Oquelí Bustillo lo vio, pero creyendo innecesario hacerlo, dispersó su voto.

Después de reanudarse la sesión, que se había suspendido, se procedió a nueva votación en la cual contamos con los votos de los diputados Fortín y Rápalo, habiéndoles ganado el presidente con 21 votos por 19. – Y esto aun cuando el Dr. Oquelí comprendió también la necesidad de darse el voto, lo cual hizo con estas irónicas palabras:

«Yo también soy disciplinado: voto por Oquelí Bustillo». Volvió a haber empate en su elección de prosecretario 1°; pero el resultado fue nuestro, es decir de los aliados, quedando la Directiva así:

Presidente	Don Ángel Sevilla
Vicepresidente	Dr. Audato Muñoz
Secretario 1°	Dr. José B. Henríquez
Secretario 2°	Dr. Ramón Alcerro Castro
Prosecretario 1°	Prof. Gustavo A. Castañeda S.
Prosecretario 2°	P. M. Ramón Guzmán M.

En la nómina anterior aparece el diputado arista Henríquez, cuya elección obedeció a insinuaciones del cariísmo que siempre conceptuó honrado a Henríquez y además como una prueba para el arismo de que no éramos exclusivistas.

Alguien ha dicho que el triunfo de esa Mesa fue más que todo triunfo del doctor Bonilla, que manejó a su antojo los trámites en su mayor parte por medio del presidente del Congreso, pero ya hemos dicho que ninguno de los bandos solo hubiera ganado, y nosotros triunfamos porque el orden constitucional se salvaba, y a más que ninguno de los otros dos bandos nos dispensaría gracia alguna: nuestra lucha y nuestra posición eran las mismas.

Una vez que la Directiva electa tomó posesión de sus cargos, esta nombró una comisión compuesta de los diputados Sandoval, Torres y Corleto para que emitieran dictamen sobre las credenciales de los diputados José del Carmen Carrasco, Isidro Moncada, Luis Felipe Lardizábal, Daniel Rápalo Bográn, Carlos Izaguirre V., y Gustavo A. Castañeda; dicha Comisión emitió dictamen favorable a la incorporación, el cual fue puesto a discusión.

Los diputados Audato Muñoz y Pompilio Romero pidieron en moción escrita, la nulidad de la elección de Carrasco, fundados en que la Junta de Agentes estaba ilegalmente compuesta de empleados militares y porque había otro candidato con más votos que él; acompañaron los documentos necesarios y legales.

Los diputados Lozano A. y Lanza Ramos impugnaron la moción, por partidarismo, por tratarse de un número de su mayoría banderiza, ya que en otra ocasión, cuando se trató de la elección de don Emilio España Valladares en Atlántida, no solo estuvieron por la nulidad si no que votaron por el decreto de convocatoria para reponer la elección. Y el caso era el mismo: la Junta de Agentes, extralimitándose en sus funciones, había electo al ciudadano de menor número de votos.

La Mesa dispuso que la resolución correspondía al Congreso pleno, y aplazó el asunto.

Lanza Ramos, fundado en que muchas actas electorales estaban protestadas, hizo moción para que también se aplazara la incorporación de los otros diputados hasta que hubieran sido examinadas todas las actas de los respectivos departamentos; pero no fue tomada en consideración la moción. Derrotado en esa pretensión, en un pedazo de papel presentó solicitud de nulidad de nuestras elecciones, sin ningún comprobante, sin ningún razonamiento, solo ofreciendo presentar pruebas después.

Y la Mesa, complaciente, dejó al Congreso pleno la resolución de nulidad, pero dejando a los diputados no incorporados como tales –es decir con voz y voto– según lo dispuesto por el Reglamento Interior del Congreso.

El procedimiento era arbitrario porque nuestras credenciales estaban limpias, tanto que la mayoría adversaria de la Comisión de Dictamen las había calificado válidas; pero ya hemos dicho que el eje sobre que giraban las combinaciones aristas, era el de eliminar siquiera tres diputados cariístas con lo cual ellos se acercaban o conseguían la mayoría absoluta de diputados. De modo que siempre fue para nosotros hipocresía y farsa, el dicho del arismo de que habían pedido la nulidad por represalia; ellos estaban listos para pedirla, solo que en ese momento tuvieron que buscarle sesgo por el pedimento Muñoz-Romero.

Nunca hemos querido discutir este proceder inicuo y no lo haremos tampoco aquí, porque ya hemos dicho que solo relataremos; si después de conocida esta escueta relación alguien impugna por defensa o por malicia, entonces usaremos de nuestro derecho.

Solo queremos decir que el Reglamento Interior del Congreso –aun suponiendo que fueran viciadas nuestras credenciales– nos daba el puesto y el carácter de diputados y ello implicaba ipso facto el derecho de voz y voto; suponiendo también que legalmente hubieran quitado el voto, ¿con qué derecho, con qué lógica podían quitarnos el derecho de defendernos y defender nuestra credencial? Y hasta ese derecho, concedido a los criminales, nos arrebató la mayoría arista del Congreso, fiel a su consigna de obtener mayoría.

Y si ni la Constitución Política ni el Reglamento Interior nos hubieran concedido voz y voto, estaban los precedentes parlamentarios que así lo disponían y que eran y son ley para la Cámara.

Se dijo desde el principio de la lucha cívica, y esto empezaba a comprobarlo, que el Ejecutivo no permitiría la mayoría absoluta en y la elección que esta no sería hecha por el Congreso.

El tiempo se encargó de demostrar que ese no era chisme ni suposición si no la expresión de la más absoluta verdad: el arismo de un modo inconsciente tal vez, pero seguro, y el policarpismo por cálculo, ayudaban eficazmente a propiciar la dictadura de López Gutiérrez.

Tegucigalpa fue la primera ciudad en Latinoamérica en ser bombardeada. El 9 de abril de 1924, el aeroplano revolucionario lanzó bombas sobre la capital.

CAPÍTULO V: EL SALÓN DE SESIONES

Muchos de los que leerán este resumen, no conocerán el teatro de los sucesos que narramos a pinceladas, y por esto vamos a dar idea de él.

El terreno de la capital de Honduras es por demás accidentado, y a ello se debe el declive o ascenso pronunciado de muchas calles, entre ellas la que buscando el Río Grande, limita por Oriente el Palacio Nacional; este se compone de dos partes, que difieren hasta en construcción, llamada la del Sur –por diferenciación– Palacio Viejo.

Todo el Palacio Nacional es de dos pisos, pero es más elevada la parte Norte, y el entresuelo del Palacio Viejo está al nivel del arranque del resto del edificio, siendo dicho entre suelo lo que falta a la calle para tener un mismo nivel.

El segundo piso del Palacio Viejo está ocupado por el Ministerio de Gobernación y Justicia y el primero por el de Guerra y Marina, con su consiguiente guarnición. Separado por un corredor o pasillo de unos tres metros de ancho, del Ministerio de Gobernación, está el Salón de Sesiones del Congreso Nacional, limitado al Oriente por otro pasillo del mismo ancho.

Hacia el Norte, el Salón de Sesiones tiene su entrada principal –por una sola puerta– que se abre a la acera o malecón que limita por el Oriente el Palacio Nuevo, de modo que dicho Salón de Sesiones constituye una saliente como de cinco o seis metros de anchura, que tiene el mencionado malecón.

Por Oriente y Poniente, el Salón tiene tres puertas a cada rumbo, pero las del Poniente son en realidad verdaderos balcones, ya que están a una altura de treinta y cinco a cuarenta pies del nivel de la calle; y con la misma altura las de Oriente solo dan acceso al pasillo mencionado arriba y al pasillo del Norte que da al Ministerio de Gobernación.

El pasillo Oriente desemboca por el Norte en un cuartucho desocupado, por una única puerta; el cuartucho, a su vez, desemboca en la acera del Palacio, a cuatro pasos de la entrada del Salón de Sesiones.

De manera que el Salón de Sesiones del Congreso Nacional de Honduras es verdaderamente una cárcel, una ratonera en donde el Poder Ejecutivo puede impunemente cazar o intimidar diputados.

Y eso último pretendió el Gobierno de López Gutiérrez con los diputados cariístas, quienes dichosamente para el Partido Nacional, tenían conciencia de su misión y estuvieron siempre dispuestos a morir dentro del recinto del Congreso antes que claudicar. El silencio de todos, hasta del mismo Partido que defendieron, ha eclipsado el nombre de esos diputados para encumbrar el de otros que nada hicieron, o que brillaron en los campos de batalla; pero nadie ha querido reconocer que no hubiera habido más que glorias fugaces en esos campos de batalla, si la batalla no la ganan antes en el Congreso esos quince diputados nacionalistas que a toda hora expusieron su vida durante treinta días. Tal vez con el tiempo llegue la justicia a que tiene derecho.

Decimos que el Gobierno pretendió intimidar al cariísmo de la Cámara; no vamos a dar pormenores, pero júzguese.

Desde el Puente Mallol, al S. O. del Palacio y siguiendo la línea poniente de este, estaba escalonado un piquete de la Policía Nacional, como de sesenta números con bala en boca, y dos bandas de tiros cruzadas en el pecho; a la izquierda de la puerta de entrada del Congreso, y en la acera del Palacio, como cuarenta policiales más en la misma forma y actitud; el pasillo Oriente lleno de militares y policiales, vestidos de paisanos, y asesorados por la chusma arista armada hasta los dientes; y la galería, que comprende un tercio del propio Salón de Sesiones, llena también de aristas armados. Tanto en la galería como en el pasillo era tanta la aglomeración, que no cabía ni un alfiler; y toda esa gente capitaneada por hombres que fueron después el terror durante la dictadura, tales eran los *generales* Francisco Cardona, Celso Cámbar, Luis Rivera Martínez, Julio y Jacobo Mejía, *coroneles* Prisciliano Montes, Juan Ortiz Guillén, etcétera.

Y toda esa gente abiertamente hostil e insultante para los diputados cariístas, y obedeciendo órdenes, planes y consigna del arismo, que llegó a creer quizá que abandonaríamos la Cámara o nos plegaríamos a su voluntad dejándolos hacer.

Nosotros, los diputados independientes, dábamos gracias a Dios por la vida, cuando salíamos de la sesión, y a él volvíamos nuestra esperanza cuando enderezábamos los pasos para el histórico Salón.

No es suficiente leer para formarse concepto de nuestra crítica situación; es preciso siquiera haber asistido a una de aquellas memorables e infructuosas sesiones.

¿De qué nos servía contar con el pueblo de la capital si sabíamos que el Gobierno estaba dispuesto a repetir con creces los atropellos del 29 de octubre de 1923? ¿Y qué amparo podían prestarnos si los valientes que se arriesgaban a llegar a la galería, lo hacían completamente desarmados?

Un detalle final: el célebre inspector Juan Ortiz Guillén, situado en la entrada del Congreso, registraba a todo el que penetraba, cuyo registro era minucioso y verdadero para el cariísmo, y de pura farsa para el arismo y el policarpismo. Y cuando él no practicaba la requisa, en tratándose de un arista, decía al que verificaba el registro: «déjelo pasar; es persona honrada».

En todo el cinismo, la provocación y el sectarismo intransigente y feroz.

CAPÍTULO VI: INSTALACIÓN DEL CONGRESO

La Mesa había rogado a los diputados que concurrieran a las dos de la tarde, en previsión de seguras rectificaciones al alta de la última sesión preparatoria, con el consiguiente y también seguro acaloramiento en las discusiones.

Los diputados cariístas y policarpistas estuvieron en el recinto de la Cámara desde antes de la hora fijada, no haciendo lo mismo el arismo que llegó hasta las tres, en grupo y capitaneado por el doctor Oquelí Bustillo; de modo que hasta las tres pudo abrirse la sesión.

Mientras tanto, el Salón estaba ya lleno con la concurrencia del Cuerpo Diplomático y Consular e invitados, más los altos funcionarios del Poder Judicial y algunos del Poder Ejecutivo.

Dada la idiosincrasia del arismo y el dolor de la derrota del día anterior, llegó a temerse que intentaran, rompiendo el quorum, impedir la instalación del Congreso.

Puesta a discusión el acta anterior, el diputado Guzmán M. legó la siguiente:

«RECONSIDERACIÓN»

Señores diputados: De conformidad con lo dispuesto en los artículos 8° y 9° de nuestro Reglamento Interior, en la última sesión preparatoria, los diputados, una vez aprobadas sus credenciales, deberán prestar la promesa de ley ante el presidente del Congreso.

Pero en la sesión de ayer, la Mesa, creyendo seguir el precedente del 31 de diciembre de 1922, de reservar para el Congreso pleno la resolución sobre nulidad de elección de diputados dispuso aplazar la discusión del dictamen acerca de las credenciales de los diputados Carrasco, Lardizábal, Moncada, Castañeda, Rápalo Bográn e Izaguirre; disposición que en nada se armoniza con la precitada; pues el 31 de diciembre de 1922 fueron incorporados los diputados Sandoval y Reina y el 2 de enero siguiente lo fue el diputado Mejía Colindres, contra cuyas elecciones se tuvo como ejercitada en tiempo la acción de nulidad, sobre la cual resolvió el Congreso en sesión del 6 del propio enero.

Fundado en las disposiciones reglamentarias y precedentes citados, así como en las explicaciones que sobre el mismo sentido dio el secretario Henríquez en la sesión de ayer, pido respetuosamente que se reconsidere el punto de acta aludido, debiendo aprobarse el dictamen de la Comisión de Credenciales; dejando a salvo la acción de nulidad promovida por los diputados Muños y Lanza Ramos, de la cual decidirá el Congreso en su oportunidad».

Al preguntar la Secretaría si se tomaba en consideración la moción anterior, los diputados Lozano, Muñoz M., Hernández, Oquelí Hernández, Lanza Ramos y otros de su misma filiación protestaron a gritos e interrumpieron el orden; y para embrollar más y hacer más grande el escándalo, Oviedo pidió votación nominal, que empezó a tomar la Secretaría.

Hasta ese momento los diputados no incorporados habían estado votando como tales diputados, pues que nada a ello se oponía; pero en esta vez al pedirles el voto a esos diputados, fueron más estruendosos los gritos de protesta del arismo, quien desenfundando pistolas y lanzando denuestos, se pararon amenazando con romper el quorum si se recibían aquellos votos.

Y el escándalo fue tanto más bochornoso y fenomenal, cuando el arismo de la barra y los pasillos protestó también, preparó armas e insultó a los diputados nacionalistas.

¡Y todo en presencia del Cuerpo Diplomático!

El presidente del Congreso, coaccionado de manera tan brutal y quién sabe si desorbitado por el desorden o temiendo que de verdad el arismo rompiera el quorum y por consiguiente no se instalara el Congreso, negó el voto a cinco diputados nacionalistas, pasando por sobre la ley y los precedentes parlamentarios.

El arismo había ganado la partida, pues con la exclusión de cinco cariístas, quedaron en mayoría; y ya desde entonces saborearon el triunfo de sus planes.

Se aprobó el acta, se avisó al presidente de la República que el Congreso estaba listo para su instalación; y llegado pocos momentos después, leyó su mensaje anual, documento el más falso, el más hipócrita, el más cínico pronunciado hasta entonces en un Congreso hondureño.

Como escupitajos de bandolero caían todas sus partes, pues exactamente lo contrario de lo impreso era la verdad; pero no es este el lugar para referirnos a ese documento, lo que haremos andando el tiempo, Dios mediante, porque vale la pena analizar ese documento impúdico y brutal.

Alguien se preguntará por qué fue un policarpista, y no un cariísta, el que pidió la reconsideración que dejamos copiada; y en realidad que es digno de extrañar tal proceder entre adversarios, pues si hubiera sido hecha de buena fe, tendríamos obligada la gratitud.

Sin embargo, no hubo tal buena fe. Era demasiado el antagonismo de los tres grupos para que ninguno hiciera en favor de otro nada que no refluyera en provecho propio.

Y este era el caso: el policarpismo no podía tolerar la supremacía del arismo, su capital enemigo y copartícipe en los favores del Ejecutivo; y el doctor Bonilla tenía su camino trazado: ser electo él o ir a la dictadura de López G. para alargar el problema eleccionario y medrar con ese alargamiento.

La dictadura estaba discutida y convenida, tanto que desde el mes de noviembre de 1928 se sondeó a los gobernadores políticos y comandantes de Armas sobre si la apoyarían o no; y parece que los cambios que hubo de esos empleados se debió a contestaciones no satisfactorias.

Ese era el deseo vehemente del Ejecutivo para que la elección presidencial no resultara de la votación del pueblo hondureño sino de las combinaciones que iba a jugar en el Congreso; pero de antemano tenía todo listo para ir a la dictadura soñada.

Tanto era el arreglo, con tanto pormenor se había todo previsto, que tenían impresos los formularios de telegramas para los diputados de la Asamblea Nacional Constituyente. Desde el 24 de diciembre anterior los habíamos descubierto por casualidad el Lic. Muñoz y el autor de estas líneas.

Lo enrostramos al arismo en la Cámara, pero negó con evasivas. Sin embargo, aquí en mi escritorio tengo un escrito del doctor Arias —que copiaré en su lugar— hecho en uno de esos formularos con fecha 29 de enero de 1924, época en que aún subsistía el orden constitucional en la República, y por consiguiente no debía ser sino del Congreso.

Y conste que en lugar de la fecha tenía para el año las cifras 192... lo que acusaba al par que el papel y la impresión, que eran nuevitos y no como alguien pretendía de la Constituyente de 1908.

CAPÍTULO VII: ARRECIA LA IMPOSICIÓN

El 2 de enero se celebró la sesión e inmediatamente de puesta a discusión el acta de la anterior, el diputado Guzmán M. manifestó que había error de cómputo en los votos recibidos en la sesión del día 1°, pues violando la Constitución Política y el Reglamento Interior del Congreso, no se recibió el voto a que tenían derecho los diputados Castañeda, Izaguirre, Lardizábal, Moncada y Rápalo Bográn; hizo moción para que se rectificara el error y se retirara la resolución que dejaba sin voz ni voto a dichos representantes.

El diputado Oquelí Hernández interrumpió a Guzmán, llamándolo al orden en tono exaltado, ya que según él lo que Guzmán pedía era cosa resuelta, no debía hablarse más sobre ello; y terminó con estas significativas palabras: «Si se insiste en tal reconsideración, nosotros los representantes del liberalismo nos retiraremos del Congreso».

El diputado Moncada pidió la palabra a la Mesa, y esto provocó un escándalo del arismo de la Cámara y la barra; Lozano A. hasta gritó «eso no puede ser. Moncada no ha prestado la promesa constitucional». Moncada insistió en hablar, y la Mesa, siempre desconcertada, lo consintió; pero a renglón seguido creció el alboroto y los diputados Oviedo, Muñoz M., Lozano, Corea Bueso, Oquelí Hernández, Gómez Romero, Ulloa, Lanza Ramos y Hernández, rompieron le quorum, saliendo del Salón y refugiándose en el Ministerio de Gobernación, en medio de risas y cuchufletas para nosotros.

El presidente tuvo que suspender la sesión, que no pudo reanudarse sino después de muchos e inauditos esfuerzos.

El incidente narrado y el desenfundamiento de las pistolas, hizo pensar en lo trágico, y el pueblo salió a escape del Congreso, pero regresó después a su recinto, contribuyendo con sus gritos y sus vivas a dar al escándalo proporciones desmedidas.

Reanudada la sesión, fue Oquelí Hernández el primero en hablar, proponiendo con carácter de moción, que se nombrara una comisión de nulidades que dictaminaran en las pedidas por los diputados Muñoz y compañeros y Lanza Ramos.

Muñoz preguntó al mocionante en qué condición quedaba el dictamen de la Comisión de Credenciales que era el que debía de discutirse ya que no había ley ni razón para que se tuviera pendiente; Oquelí Hernández contestó que la Comisión de Nulidades haría luz sobre la condición en que se encuentran las actas y que eso haría más acertada la resolución sobre el dictamen de credenciales.

La Mesa no tramitó la moción Oquelí-Hernández, por estar entre sus atribuciones el nombramiento de las comisiones y habiéndolo así manifestado, nombró la Comisión compuesta de los diputados Reina, Mejía Colindres y Cálix, uno de cada bando de la Cámara.

No obstante el legal y correcto proceder del Directorio, el Congreso (léase mayoría arista) rechazó la designación de la Mesa y aprobó la moción Oquelí-Hernández, procediéndose a la elección de los miembros que debían formar la dicha Comisión de Nulidades.

Fue electo para primer miembro el diputado Ulloa, con 18 votos, contra 13, 2 y 1 que respectivamente obtuvieron los diputados Cálix, Reina y Sandoval.

En la primera votación no hubo elección para segundo miembro; pero repetida recabó el diputado Sorto Z, por los mismos 18 votos, obteniendo 3 y 2 respectivamente los diputados Fortín y Sandoval.

No hubo elección en las dos votaciones para elegir el tercer miembro, y por tal motivo, la Secretaría, después de leer el Art. 33 del Reglamento, manifestó en nombre de la Mesa que procedía aplazar la elección para la sesión siguiente, en la cual se procedería al sorteo, si era preciso.

Combatieron el criterio de la Mesa de los diputados Lanza Ramos, Guzmán M., y Mejía Colindres y la defendieron los diputados Gómez Romero y Alcerro Castro.

La cuestión quedó aplazada.

No debemos pasar por alto que la sesión del 2 de enero no pudo abrirse sino hasta las nueve y media de la mañana, hora en que llegaron los aristas capitaneados por Oquelí Bustillo siempre. En cambio los diputados independientes y el pueblo estaban en la Cámara desde antes de las nueve.

Como fue en esta memorable sesión en la que se nos dejó en entredicho a los diputados de reciente elección, no vamos nuevamente a decir que con ese proceder de la mayoría recalcitrante de la Cámara se rompió la Constitución Política, se violó el Reglamento Interior y se escarneció todo precedente parlamentario; pero vamos a copiar el editorial del N° 362 del diario policarpista El Constitucional, que dice:

«UN ERROR PARLAMENTARIO»

Según informamos en otro lugar, ayer quedó solemnemente instalado el Soberano Congreso Nacional.

La sesión tuvo interés especial, tanto por lo que se refiere a la iniciación de la ardua labor que le está encomendada al presente Congreso, como porque en el curso de ella se tomó una resolución muy grave, a nuestro parecer ilegal, y que puede ser de funestas consecuencias.

Al discutirse el acta de la sesión anterior, el profesor don Ramón Guzmán M. presentó la moción que en otro lugar reproducimos; y en el momento de vetar si se aceptaba o no, no les fue tomado su voto a los representantes electos en octubre pasado y al diputado Carrasco, electo hace un año, quien no se había presentado hasta hoy al Congreso.

Los precedentes establecidos en diversas ocasiones, indican claramente que el diputado que se presenta por primera vez en el Salón de Sesiones, goza de los mismos derechos que los demás. Nada se puede prejuzgar sobre sus credenciales mientras estas no sean discutidas. Y no podía ser de otra manera; ya que si no fuera así, jamás el primer Congreso consecutivo a una Constituyente, podría instalarse definitivamente, ni en los casos en que se hace cambio por mitad de los diputados, habría quorum.

Por otra parte, un artículo del Reglamento Interior del Alto Cuerpo, establece que ni aun en el caso en que sea tachada de nulidad una credencial, debe abandonar el recinto de él un diputado; sino que seguirá ocupando su puesto, y salvo el caso de interés personal declarado por el Soberano Congreso, estará obligado a votar como los demás.

En todos los actos desarrollados en nuestra Cámara en los últimos días, todos los diputados han votado, aunque no hayan sido aprobadas sus credenciales y han sido electos, como pasa con el señor don Gustavo A. Castañeda, que resultó escogido prosecretario.

Lo mismo sucedió el año próximo pasado, en que los nuevos diputados dieron su voto en todas las deliberaciones, y alguno de ellos, el doctor Reina, resultó electo vicepresidente.

A nuestro juicio, la votación hecha ayer es ilegal, por haber negado la Mesa su voto a cinco representantes, y esa resolución debe ser reconsiderada.

Es también urgente que se proceda a la discusión el dictamen de la Comisión, que es en un todo favorable a la incorporación de los nuevos diputados; y que permitirá el funcionamiento del Congreso, con todos los elementos legales que lo constituyen».

Adrede no queremos presentar alegatos de nuestro partido para hacer más sólida nuestra narración y que no se diga que no tenemos defensa posible; y conste de una vez, que para no hacer engorroso este resumen, no queremos atestarlo de los innúmeros documentos que poseemos en cartera.

El negarnos voz y voto no era más que ardid del arismo, y no era con la ley ni con razonamientos con los que se iban a convencer.

El ultraje estaba inferido, y el gozo del arismo rayaba en delirio.

Tropas gubernamentales reciben armas para combatir a las fuerzas revolucionarias.

CAPÍTULO VIII: DOS DÍAS SIN SESIÓN

Después de los dolorosos sucesos del 2 anterior, los diputados cariístas vimos que la muerte nos rondaba. No solo no podíamos salir del centro de la capital por temor a los insultos y a las provocaciones de la chusma armada, y consentida, si no que hasta en el recinto de la Cámara habíamos visto de muy cerca el mismo peligro.

Ese peligro era tanto más grave cuanto que la policía estaba en amoroso contubernio con el arismo; de modo que la custodia del Congreso, confiada a la policía, era una amenaza más para nosotros.

Por eso después de la sesión del 2, hicimos presentes nuestros temores al presidente del Congreso, y con sentimiento pero con resolución, le notificamos que si no se cambiaba la policía no concurriríamos a las sesiones; y que en ese caso nos reservábamos el derecho de pedir la nulidad de los actos políticos de la Cámara.

El presidente fue a ver al jefe del Poder Ejecutivo y a explanarle la situación, pidiéndole al mismo tiempo que sustituyera la policía por fuerza militar. El presidente de la República ofreció la sustitución y ordenó al comandante de Armas que al día siguiente fuera un piquete de fuerza militar a guardar el Congreso.

Los diputados cariístas nada ganábamos con el cambio, ya que la fuerza militar era policarpista; pero siquiera abrigábamos la seguridad de que esa fuerza no llegaría a medidas de violencia y la coacción sería más benigna.

Era el Ejecutivo asesorado del arismo el que había querido coaccionar al Congreso con alardes de fuerza, pues según las leyes esas fuerzas no pueden llegar sino a requerimiento del Directorio del Congreso y para obedecer únicamente las órdenes de este; pero aquí solo se obedecían las órdenes de los esbirros de López Gutiérrez.

Pues bien, desde las siete de la mañana del 3 de enero, una compañía de infantería al mando del general nicaragüense Julio Peralta, hacía la guardia del Congreso.

El pueblo comenzó a llegar a la barra desde las ocho de la mañana, pero Peralta registraba a todo el mundo y en especial a la canalla que formaba la guardia de los diputados aristas.

La imparcialidad de Peralta en las requisas dio la voz de alarma al arismo, cuyos diputados se dirigieron en cuerpo a la Casa

Presidencial, a donde llegaron poco después el doctor Arias y el ministro Zúñiga Huete, a gestionar el retiro de Peralta y su fuerza y que volviera la policía a guardar el Congreso.

Los diputados nacionalistas permanecimos en la Cámara hasta las once de la mañana, sin que el grupo arista llegara, demostrando una vez más y para siempre que su única fuerza, su convicción, su triunfo y su valor eran la policía y banda de criminales que llenaban los pasillos y la galería del Congreso.

No hubo, pues, sesión el día 3 de enero, pero logró el doctor Arias y su comparsa que volviera la policía a amenazarnos junto con su chusma empecinada.

En represalia de ese fugaz triunfo del nacionalismo, el arismo pensó tomar el desquite en la sesión del 4, obligándonos a sacar electo a Zúñiga Huete primer designado a la Presidencia de la República, o que acabáramos como perros en el Salón de Sesiones.

Ese día 4 desde muy temprano, la policía había controlado todas las salidas del Palacio Nacional, ayudados eficazmente por los criminales más feroces que comandaba el asesino Prisciliano Montes.

El asunto de la Designatura tenía para el arismo demasiado interés, pues les daba el poder si el Congreso no hacía la elección presidencial; y siendo Zúñiga Huete ministro de Gobernación, la policía –su dependencia– tomaba especial interés, pasando por todo y atropellando todo.

Ante ese plan infernal, fraguado tan fríamente, y conociendo nosotros por triste y larga experiencia, de lo que era capaz el arismo, nos resistimos a concurrir a la sesión; y no hubo.

Aun cuando el plan hubiera sido más diabólico, hubiéramos llegado si se hubiera tratado del problema eleccionario; pero hasta ese momento ni siquiera habían llegado al Congreso las actas electorales. De modo que no había, no vimos necesidad de arriesgarnos en una aventura que nada nos reportaba.

Sobre todo, como diremos adelante, nosotros no creíamos que un designado salve el orden constitucional, encargándose del Ejecutivo al vencer el término presidencial.

CAPÍTULO IX: PROTESTA OLVIDADA

Atrás hemos dicho que las actas de las sesiones no son ni pálido reflejo de lo que ocurrió en el Congreso de 1924; y eso no debe extrañar, pues por multitud de causas, aquella Mesa débil, desorbitada, era suficientemente partidarista para dejar con su mano constancia de la falta de civismo de los llamados liberales.

A ello se debe que no conste, por ejemplo, la defensa que el autor de este folleto hizo del membreñismo de 1919 y el ataque a no santos procederes de la facción colorada triunfante en aquel año nefasto. A ello se debe que no consten las vigorosas defensas que al proceder del Partido Nacional, frente a la imposición, hizo el diputado Alcerro Castro; a ello se debe que no aparezcan las fogosas lucubraciones del diputado Moncada, etcétera.

Los diputados en entredicho alistamos para la sesión del 3 la protesta que sigue, no entregada sino hasta en la sesión del 5, y de la cual ni dieron cuenta a la Cámara, ni tramitaron ni consignaron en el acta del día; pero nosotros queremos que se sepa que no callamos ante el ultraje, y que a falta de voz y voto, ocurrimos a la

Protesta

«*Soberano Congreso Nacional:*

Según aparece de las credenciales que en la sesión del 31 de diciembre último os presentamos, hemos sido electos diputados propietarios por los departamentos de Choluteca, Copán, Cortés y Santa Bárbara; y vuestra Comisión de Credenciales ha dictaminado, en la misma fecha, en favor de nuestra incorporación.

La resolución vuestra que impide la tramitación del dictamen en la forma reglamentaria, y por consiguiente la no incorporación de los suscritos, lesiona nuestros derechos y los de los veinte mil electores que nos favorecieron en octubre pasado; y esa actitud vuestra no es sino el fruto de la intransigencia partidarista de uno de los bandos de la Cámara, ya que rompe el precedente parlamentario y la misma Constitución Política.

Estamos con vuestro entredicho en situación jurídica peor que la del reo, pues hasta nos habéis privado de nuestro legítimo e inviolable derecho de defensa.

En los actuales momentos, cualquiera perturbación del orden constitucional constituye peligro gravísimo para la soberanía nacional, comprometiendo hondamente aún lo más sagrado por atender y defender nuestras partidaristas triquiñuelas políticas; y nuestro caso lo estimamos como el primer eslabón de una cadena de desgracias de incalculables consecuencias, porque es precedente funesto.

No queremos anticipar juicios absolutos, pero desde ahora protestamos ante el pueblo hondureño, y en principal ante los veinte mil electores que nos ha traído a este Augusto Recinto, por la forma brusca, ilegal y atentatoria con que nos habéis tratado. La Comisión de vuestro seno que va a conocer del recurso de nulidad accionado festinadamente contra nuestra elección, es parcial; y desde ahora declaramos que es arbitraria y disociadora la resolución –contraria a nuestro derecho– que someta a vuestra deliberación o aprobación.

El problema eleccionario planteado es complejo, y no lo podéis racionalmente resolver sin nuestra concurrencia, pues ello implica la no representación de un porcentaje considerable del pueblo hondureño, inclinado indiscutiblemente en favor del Partido Nacional.

Debéis tomar en consideración que el Congreso Nacional no es la expresión genuina del pueblo, tal como hoy está constituido, como lo podéis comprobar con la representación de Olancho, Copán, Atlántida, Gracias, Cortés, etc., y nosotros hemos sido electos en plena lucha por ese pueblo a quien se desprecia y despotiza cuando no se manifiesta en favor de los intereses de determinado círculo político.

Servíos tomar en cuenta, siquiera para el porvenir, la presente protesta que formulamos ante vos respetuosamente, apoyados en los artículos 8° y 9° del Reglamento Interior del Congreso y en los artículos 4°, 40, 72, 73 y 87, N° 5, de la Constitución Política.

S. C. N.

Tegucigalpa, 3 de enero de 1924.

Isidro Moncada   *Luis F. Lardizábal*
G. A. Castañeda S.   *Carlos Izaguirre V.*
Daniel R. Bográn»

Todo se ahogó en el vacío, y los cinco diputados continuaron como figuras decorativas, por lo cual Lardizábal, Izaguirre y el que esto escribe faltaron a las sesiones del 5 y del 8 de enero, evitando oír tanto insulto, tanto denuesto, sin más derecho que ver y oír.

En esta sesión del 5 fue electo tercer miembro de la Comisión de Nulidades el diputado Guzmán M., por 18 votos contra 17 para Lozano. De modo que por un voto que le faltó a este último no quedó constituida solo por aristas dicha Comisión.

Siguiendo su *política* de obstrucción y bandería, los diputados Lanza Ramos, Oviedo y Gómez Romero protestaron contra la elección, porque a su juicio no había mayoría absoluta en favor de Guzmán que solo tenía medio voto de mayoría, no habiendo –dijeron– ni ese medio voto ni medio diputado; que ellos entendían por mayoría absoluta la mitad más uno de la base.

La Mesa explicó que la mayoría absoluta consistía en el número mayor de la mitad de la base de elección sin exceptuar las fracciones cuando esa base era número impar, como en el caso que se contemplaba.

Como la Mesa excitar a la Comisión de Nulidades que emitiera su dictamen lo más pronto posible, el diputado Guzmán M. dijo que dicho dictamen se daría tan pronto como los interesados presentaran los documentos en que fundan la nulidad. Esto da idea de lo que pretendió el arismo con la elección de la Comisión; siendo ellos la mayoría de la Cámara pensaron en que siendo tres miembros del arismo los de la Comisión y arista quien pedía la nulidad, podían decretar esta sin pruebas o retardar el dictamen, como arma política, hasta que les conviniera presentarlo.

Esto último fue lo aconsejado por Zúñiga Huete, pues bajo su advocación y en su propio despacho se había incubado la Comisión de Nulidades y se había discutido largo y tendido su desarrollo y fin; la derrota de Lozano como miembro de dicha Comisión dio otro rumbo al negocio, pues aunque formaban Comisión en mayoría, el voto particular las denunciaría cualquier chanchullo del dictamen que emitieran.

La Mesa en este mismo día 5, puso a disposición de la Comisión de Escrutinio, las actas electorales de la República, que hasta entonces remitía el Ministro de Gobernación.

CAPÍTULO X: EN ACECHO

El domingo 6 de enero no hubo sesión, porque así lo dispone el Reglamento, pero el arismo lo aprovechó para preparar una emboscada nueva para el siguiente día.

Llevaban a la Cámara, para el 7, dos proyectos para cuya realización contaban siempre con la buena y *desinteresada* ayuda de la policía y de la banda de criminales armados: el un proyecto era ya viejo, el que querían tratar el 4, la elección de Zúñiga Huete como primer designado; y el otro el de violentar, pidiendo la sesión permanente, el dictamen de la Comisión de Escrutinio, la discusión de este y la elección de presidente de la República, ya que daban el triunfo por obtenido declarando que no había habido mayoría absoluta en las elecciones y que era por consiguiente al Congreso a quien tocaba elegir.

Como los tres bandos nos espiábamos a toda hora, pronto supimos lo resuelto por el arismo, e inmediatamente decidimos los cariístas no concurrir a la sesión del lunes 7; y sin nuestra concurrencia no habría sesión, pues entre policarpismo y arismo no formaban quorum.

Fue tanta la alegría del arismo celebrando anticipadamente el éxito de su empresa, que el mismo policarpismo se alarmó y la mayor parte no concurrió a la sesión, que no se celebró.

Ya es tiempo que anticipemos un concepto: el arismo no quería la dictadura sino la elección presidencial, pero recayendo en el doctor Arias; y a eso se debió la crasa miopía de que hasta hizo alarde –como veremos adelante– durante las sesiones del Congreso. Él creyó que declarada la falta de mayoría absoluta en las elecciones, estaba en su mano, con un golpe de audacia, y algo de dinero, hacer la elección del doctor Arias; y aún este se equivocó, pues en más de una vez confesó que tenía confianza en el resultado de la elección presidencial y que su único capital eran sus diputados.

Más zorro, más evidente el doctor Bonilla, desde que vio las tres tendencias de los bandos en el Congreso, no pensó más que en la dictadura, y sus visitas aumentaban día a día a la Casa Presidencial y mientras preparaba el golpe, aprovechó el pugilato del cariísmo y el arismo en el Congreso, para adormecer los ánimos y hacer creer que él solo ambicionaba que no se desatara la guerra civil.

La siguiente anécdota –chara lo pinta como es, y descubre entre líneas sus designios.

Su órgano *El Constitucional* publicó andando los días un verdaderamente hermoso editorial sobre la necesidad de la paz y de que López G. tuviera sucesor legal; que él –revolucionario en otro tiempo– conocía lo poco que valen las mejores revoluciones; que por eso dejaba en *libertad* a sus diputados para que en el Congreso votaran por la persona de sus simpatías, contribuyendo así a que no se derramara sangre.

Un diputado policarpista, en un tiempo arista, se acercó a don Policarpo a felicitarlo por sus patrióticos propósitos y a manifestarle que desaparecida la intransigencia de uno de los bandos, la elección estaba hecha en el doctor Arias.

—Nunca —dijo don Policarpo—, deben mis amigos votar por Juan Ángel, que es mi único enemigo personal.

—Entonces, elegiremos a Carías.

—Eso sería una torpeza, que nosotros los liberales contribuyéramos en forma tan efectiva a dar el poder a los conservadores.

—Pues no queda más remedio que hacer presidente a Paz Barahona.

–Paz está estrechamente vinculado a una familia que ha querido arrojar lodo sobre mi reputación y que hasta me ha tildado de asesino. Sería poco aprecio para mí, que ustedes votaran por Paz.

La conversación quedó allí, porque no había otro candidato que el mismo doctor Bonilla, y puesto que él confesaba dejar en libertad de votar a sus diputados, maniatándolos así, no quedaba a estos otro camino que el que derechamente conducía a la dictadura.

Y por esa razón el policarpismo no peleó en el Congreso, como se esperaba, la sucesión presidencial; y a eso se debe que nuestras acusaciones en ese Congreso solo recaen en el arismo.

Hemos prometido la verdad, y la verdad estamos escribiendo.

CAPÍTULO XI: DOS DÍAS MÁS SIN SESIÓN

Despejada un poco la atmósfera, se celebró sesión el 8 de enero, y en ella se dio cuenta con el Decreto N° 30 del Poder Ejecutivo, emitido el 16 de diciembre anterior en Consejo de Ministros y por el cual se declaraba la República en estado de sitio. La Mesa dispuso que pasara a estudio de las comisiones unidas de Gobernación y Justicia y de Guerra y Marina.

Esas comisiones jamás dieron cuenta con su cometido, y se hicieron siempre sordas a los reclamos de los diputados cariístas; y el mismo Ejecutivo tardó ocho días en someterlo a la Cámara como si hubiera sido un asunto baladí.

Ese decreto es el engendro más monstruoso que ha albergado cabeza humana, y contiene imputaciones que un bandido no haría a otro bandido. Ese decreto obedeció solamente al deseo del Gobierno de ahogar en sangre –si era preciso– toda manifestación que no fuera la aprobación del orden de cosas creado por la dinastía López–Lagos.

El día 9 de enero no hubo sesión porque ante la intransigencia y la mala fe del arismo en el asunto de la incorporación de los nuevos diputados, el cariísmo –como defensa– hizo propósito de no concurrir a las sesiones mientras los cinco diputados en entredicho no fueran incorporados.

Para esa incorporación no habían cesado las pláticas extra Cámara, pero solo se llegó a la oferta de que el 8 presentarían el dictamen sobre nulidades y como ello no se realizara, se impidió la sesión del 9, durante cuyo día se hizo un esfuerzo más para obtener el dictamen para el siguiente día.

La mayoría arista de la Comisión solo era para evasivas y no daba razón alguna para fundar la tardanza, pero en realidad esta obedecía a que había mayoría absoluta contra la nulidad y por consiguiente para el arismo el único medio de continuar mangoneando y coaccionando al Congreso, era no emitir el dictamen.

Para algo habían ganado la mayoría en la Comisión. Por ellos no hubo sesión el 10; antes que cumplir con su obligación y dejarnos incorporar, prefirieron no asistir.

CAPÍTULO XII: INCORPORACIÓN DE LOS NUEVOS DIPUTADOS

Después de tanta tregua por una parte y tanta dilatoria por otra, se logró que el arismo emitiera el dictamen sobre nulidades. El dictamen fue favorable a la incorporación de los diputados Carrasco, Monada, Lardizábal, Rápalo Bográn y Castañeda en virtud –decía– de no aparecer justificadas las causas de protestas alegadas a que se refiere la nulidad pedida.

La Comisión se reservó el derecho de emitir después el dictamen sobre la credencial del diputado Izaguirre, a quien desenterraron un proceso fenecido, incoado en Choluteca en 1919; y decimos desenterrar porque Izaguirre estaba declarado irresponsable por sobreseimiento del juez de letras, confirmado por la respectiva Corte de Apelaciones, pero el juez de letras 1° de Choluteca en 1924, Wenceslao Orellana, sin disimular papel nuevo y tinta fresca, levantó auto mandando continuar la investigación del hecho, con la venia de la Corte Suprema, de filiación arista.

Como se ve, esa evasiva era una nueva prueba que lo que el arismo pretendía era restar al cariísmo; y es hora de decir que la nulidad –sin pruebas– fue accionada ambiguamente, pues a más de alegar vicios en las actas de elección, se dijo que Lardizábal tenía cuentas pendientes con el Fisco, que Moncada se había nacionalizado salvadoreño y que el que esto escribe era guatemalteco, extremos que a la luz de la ley no pudieron comprobar.

Solo a Izaguirre pudieron dejar aún en entredicho; y nótese una cosa: que el cariísmo para no pecar de intransigente y para no demorar la incorporación de sus diputados últimamente electos, no sostuvo la nulidad de la elección del doctor Carrasco, la cual resultaba de su misma credencial y de documentos auténticos exhibidos en tiempo y expedidos por autoridades aristas.

Puesto a discusión el dictamen, solo hablaron los diputados Lanza Ramos y Muñoz: el primero dijo que tuvo a bien pedir la nulidad de las elecciones de los diputados que se nominan, excepción hecha del diputado Carrasco, no por espíritu partidarista como habían dicho algunos periódicos de la localidad, sino por vía de legítima defensa al ver que los diputados Muñoz, Moncada y Romero (don Pompilio) pidieron la nulidad de la elección del señor Carrasco, lo que hacía constar para justificar su actitud.

El segundo, Muñoz, con vista de lo expuesto por el diputado Lanza Ramos, manifestó que si bien era cierto que él había pedido al nulidad de la elección del diputado Carrasco, también era verdad que había pedido su incorporación inmediata, según los precedentes del Congreso que consideraba fundados en la ley, quedando muy lejos de su propósito la idea de su lanzamiento.

Nuestro buen amigo, el doctor Muñoz, por el afán laudable tal vez de aparecer imparcial en una lucha en que era materialmente imposible serlo, se contradice en lo que dejamos trascrito, así como en otras veces: dice que no quería el lanzamiento del diputado Carrasco... ¡cómo no! Para eso se pidió la nulidad de su elección. Lo que sí era verdad era que se quería ese lanzamiento mediante los trámites de ley y fundados en la ley.

En cambio el arismo sí quiso siempre echarnos a nosotros del Congreso, legal o ilegalmente o atemorizarnos para que no concurriéramos a sus sesiones; atrás dejamos dicho el porqué de ese vehemente deseo.

Y la última prueba de que el arismo nada podía probar contra nosotros, son las palabras del diputado Lanza Ramos declarando enfáticamente que pidió la nulidad de nuestra elección por *legítima defensa*. Si no fuera, como atrás dejamos expuesto, que conocíamos las maniobras del arismo para obtener mayoría en la Cámara, solo juzgaríamos de las palabras del licenciado Lanza Ramos, que era el arismo muy inocente en política y de muy aviesas intenciones.

Mucha culpa tuvo la Mesa, eso sí, al aceptar la acción de nulidad contra nuestras credenciales por simple pedimento de ninguna clase; y por la debilidad en aceptar el punto de vista arista de no someter a discusión el dictamen de credenciales.

Aprobado el dictamen de nulidades y de hecho el de credenciales, fuimos incorporados –previa la promesa constitucional– en la sesión del 11 de enero, sesión en la cual ya estaba completa la Representación Nacional; solo al cariísmo le faltaba el diputado Izaguirre.

CAPÍTULO XIII: ELECCIÓN DE DESIGNADOS

En las sesiones del 12 y del 14 de enero no fue tocado el asunto político, que es el que estamos tratando de esbozar en estas líneas; pero en la sesión del 15 la Mesa manifestó a la Cámara que en observancia de las prescripciones del Reglamento Interior, procedía efectuar la elección de designados a la Presidencia de la República, asunto que sometía a consideración para que el Congreso resolviera lo procedente.

Y asombrase el lector, el arismo que en dos sesiones anteriores había intentado que se hiciera esa elección contra viento y marea, se opuso en esa vez, y el diputado Lanza Ramos dijo que no creía oportuna la elección de designados sin haberse antes hecho el escrutinio y declarado o hecho la elección de presidente y vicepresidente de la República.

El diputado Oquelí Hernández presentó la moción que dice: «Honorable Congreso Nacional: La gravedad política por que atraviesa la República en estos momentos, me obliga a hacer moción porque la elección de designados a la Presidencia, que debe practicarse en este día, de conformidad con el Art. 53 de nuestro Reglamento Interior, se aplace hasta que se verifique la elección de Autoridades Supremas.

Está en la conciencia de la Representación Nacional, que la elección de designados en esta hora de angustia para la Patria, y por no estar de acuerdo las agrupaciones en quienes debe recaer tan alto cargo, será como desatar un incendio de gravísimas consecuencias que consumiría los grandes intereses nacionales. – Tegucigalpa, 15 de enero de 1924».

Dicha moción fue considerada, discutida y aprobada, y combatida únicamente por el bonillismo.

El arismo que no quería la dictadura y el cariísmo que le tenía horror, creyeron en la elección de Autoridades Supremas, el primero con fe de romanista y el segundo en la esperanza de que sus adversarios pospondrían el sectarismo a los grandes intereses de la colectividad, pues por lo demás tenían suficientes pruebas de que íbamos fatalmente arrastrados en la pendiente de la ruptura del orden constitucional.

Ignoramos hasta la fecha qué razones obraron en el arismo para el cambio tan brusco de plataforma en lo que se refiere a los designados; e ignoramos así mismo el fundamento legal y la razón jurídica que tomaban en cuenta, para sostener la misma tesis del cariísmo; que el 31 de enero a la media noche –en que terminaba el periodo presidencial– quedaba roto el orden constitucional aun cuando verificada la elección de designados, el primero de ellos se hiciera cargo del Poder Ejecutivo el 1° de febrero.

El bonillismo sustentaba la tesis contraria.

Nosotros creímos y creemos, fundados en el espíritu de la Constitución Política, que los designados por su carácter de suplentes solo representan el orden constitucional cuando llegan al Poder dentro del periodo de mando legal para el que ha sido electo el presidente de la República, y por si alguna duda cupiera, el Art. 4° de la Constitución la hace desaparecer.

El Congreso Nacional no puede, dentro de sus atribuciones, prolongar la constitucionalidad, y no había, ni hay, otro camino que declarar o hacer la elección de presidente.

Ainda mais: el pueblo hondureño había electo indubitablemente presidente de la República al doctor y general Carías A., pues había obtenido la necesaria mayoría absoluta, según confesión del propio ministro de Gobernación y Justicia, mayoría absoluta que se le hizo nugatoria por la imposición, despiadada y el fraude escandaloso del Poder Público.

De manera que el cariísmo tuvo fundamentos de hecho y de derecho para oponerse a la elección de designados; y sin embargo, aceptando mal de su grado la tesis bonillista, tuvo andando el tiempo, pláticas con ese bando para hacer la elección de designados en personas que garantizaran la absoluta libertad de sufragio en las nuevas elecciones que impondría la necesaria invalidación de las elecciones de octubre de 1923.

El policarpismo, falaz y alevoso, creyó que la aceptación de su criterio era una claudicación nuestra y que podía por ende echar la espada de Breno al platillo de la balanza eleccionaria.

Hemos de decir que nunca creímos en que el bonillismo sustentara de buena fe su tesis, pues estábamos plenamente convencidos que el doctor Bonilla aspiraba únicamente a ser electo por la Constituyente que convocara la dictadura o por la presión inmisericorde de la misma o de un designado de él, que obedeciera ciegamente.

Ante ese orgullo aldeano y esa terquedad aragonesa, los candidatos que propusimos para designados, el doctor Salvador Córdova y don Salomón Bueso V., no fueron aceptados a pesar de que ambos no podían ser tildados de cariísmo.

Así fue que todas nuestras tentativas, todos nuestros esfuerzos para evitar la dictadura, fueron inútiles; y no nos restaba más que dejarnos llevar por los acontecimientos, imposibilitados para detenerlos o contrarrestarlos.

Tenemos que confesar que entendidos de esta clase no intentamos nunca con el arismo, que siempre negó la mayoría absoluta obtenida por el Partido Nacional y que este nunca dejó de sostener. Los puntos de vista eran diametralmente opuestos: el arismo quería que el Congreso eligiera al doctor Don Juan Ángel Arias, y el cariísmo quería que el Congreso declarara la elección que el pueblo hondureño había hecho en el doctor y general don Tiburcio Carías A.

Además, como se verá adelante, el arismo era para el doctor Bonilla fácilmente manejable siempre que le halagara su vanidad y aparentara conformarse con sus designios y propósitos; y en ese caso cualquier arreglo que conviniéramos sería desbaratado por el más funesto de los hondureños.

La historia dirá quién tuvo razón, y quién fue de los bandos el más patriota y el más abierto a cualquier arreglo honorable que impidiera el escándalo de la matanza fraterna.

CAPÍTULO XIV: MOCIÓN SOBRE EL ESTADO DE SITIO

Aunque desde el principio de las sesiones se dijo que había urgencia de levantar el estado de sitio, el Ejecutivo ya tarde dio cuenta con el decreto respectivo, y bonillismo y arismo auxiliaban al Ejecutivo para mantenerlo; pero estando cercano el día en que se discutiría el dictamen de la Comisión de Escrutinio, el autor de este opúsculo presentó la siguiente moción.

«Señores diputados: El estado de sitio en Honduras ha sido siempre una espada de dos filos, pero la cual ha herido más pronto y más seguramente a los ciudadanos que no militan bajo de las banderas del que manda.

Es verdad que conforme a la Constitución Política, el estado de sitio solo suspende algunas de las garantías ciudadanas, pero en esencia, las suspende todas, a excepción de la inviolabilidad de la vida. De ahí que los decretos de estado de sitio caigan como plomo derretido sobre los vencidos, que son los que sufren y constituyen en la mayoría de los casos los que motivan justa o injustamente el dicho estado de sitio.

Cuando se levantó de derecho el último estado de sitio el 3 de agosto del año recién pasado, todos creímos que el proceso eleccionario haría que el Ejecutivo no lo decretara otra vez; y no lo creímos precisamente por el proceso electoral en sí, sino porque los vencidos de 1919 habían declarado y probado en más de una vez que solo aspirábamos a llegar a las elecciones, donde estaba nuestro seguro y espléndido triunfo.

Por razones que no hace al caso relatar en este momento, ese triunfo nos lo arrebataron arteramente, y entonces pensamos en las alegaciones de derecho ante este Alto Cuerpo.

El Poder Público sabía y sabe que no estábamos ni estamos preparados para la revolución, porque aunque no confiamos demasiado en las declaraciones del Ejecutivo, teníamos esperanza de que se rectificaría honorablemente y en tiempo.

De manera que la intranquilidad anterior a las elecciones se agravó pasadas estas y ha subido de punto con el decreto que el 16 de diciembre último, puso de nuevo a la República bajo el imperio del estado de sitio, tanto más inexplicable cuando que nadie piensa sino en la resolución que daréis a la sucesión presidencial.

Consecuencia de ese estado de sitio intempestivo e ilógico, son las prisiones que se llevan a cabo en distintos departamentos de la República, principalmente en ciudadanos afiliados al Partido Nacional, y los ultrajes de diversa índole de que han sido víctimas hasta algunos de vuestros miembros.

En otro orden de ideas, para tratar el segundo aspecto del problema electoral, sea declarando o haciendo la elección, necesitáis legalmente levantar ese estado de sitio, pues de lo contrario nuestra resolución en aquellos sentidos, sería nula.

En efecto: el artículo 53 de la Ley de Elecciones manda que esté la República en pleno régimen constitucional para que puedan practicarse elecciones de Autoridades Supremas; y las que debéis hacer o declarar son elecciones de segundo grado, que abraza indudablemente el artículo citado.

Por otra parte, es algo que no se explica que el más alto poder de la Nación, por aberración o maldad de sus miembros, estén sometidos a las disposiciones de un decreto caprichoso del Poder Ejecutivo.

Por lo que dejo relacionado y por otras consideraciones que no se escapan al criterio de mis distinguidos colegas, hago moción para que se excite a las Comisiones de Gobernación y Justicia y de Guerra y Marina, a fin de que mañana –si es posible– presenten el dictamen sobre el estado de sitio; han tenido ya ocho días de estudio y el asunto no presenta ninguna complejidad.

S. C. N.

Tegucigalpa, enero 16 de 1924».

La Mesa, fundada en que podía hacer la excitativa pedida, no tramitó la moción; pero hizo la excitativa en el sentido que se pedía.

El dictamen nunca fue presentado, y violando una ley constitutiva a sabiendas, se hizo el escrutinio y se practicaron dos votaciones de Autoridades Supremas, bajo el Estado de Sitio.

CAPÍTULO XV: SESIONES DE NADA

Si ha habido en la historia de esta pobre Honduras un Congreso que nada haya hecho, es el de 1924.

Con rezago de las interminables sesiones de 1923 y con todo el que fue acumulándose en el curso de los días en enero de 1924, no resolvió nada; todo lo encarpetó para engolfarse en la marrullería política que hizo necesaria una revolución e incubó una traición que cuestan al país mucho dinero y muchas vidas.

El Congreso de 1924, como fruto de su labor, no emitió más que tres decretos: el de su instalación, el de improbación del contrato de arrendamiento de la empresa de agua y luz eléctrica de Tegucigalpa y el de declaratoria de elección en el doctor Alberto Uclés, como magistrado propietario de la Corte Suprema de Justicia.

El mismo Poder Ejecutivo no le dio cuenta con sus actos en todos los ramos de la Administración Pública, durante el ejercicio fiscal que había terminado el 31 de julio de 1923, pues los ministros de Hacienda y Crédito Público y de Gobernación y Justicia, nunca se presentaron a la Cámara; y de los actos de que le dieran cuenta los otros ministros, nunca conoció.

En las sesiones de los días 17, 18, 19, 21 y 22 de enero, se dio cuenta de algunos asuntos oficiales y particulares, que pasaron a Comisión; durante esos días hubo descanso político, dando lugar al estudio de las actas de elección, previo al escrutinio, El dictamen fue presentado en la sesión del 25, día en que empezó la segunda y más reñida batalla del Congreso, sin que esto quiera decir que cada uno de los bandos políticos se haya adormecido en el interregno.

El arismo se movía desesperadamente, el bonillismo sonreía mefistofélicamente, el cariísmo esperaba estoicamente.

La suerte estaba echada, e íbamos, forzados, a pasar el Rubicón.

CAPÍTULO XVI: DICTAMEN DE ESCRUTINIO

La Comisión de Escrutinio la formaron los diputados Sandoval, Oviedo, Gómez Romero, Corleto, Guzmán M., Rápalo Bográn y Muñoz Cabañas, a quienes se había entregado las actas de elección desde el 5 y presentaron dictamen en la sesión del 23.

El dictamen dicho de la mayoría de la Comisión de Escrutinio de las elecciones de Autoridades Supremas de la República, verificadas en los días 28, 29 y 30 de octubre de 1923, declara que la base de los electores que resulta del cómputo fue de 105,133 electores; y que solo el doctor Alberto Uclés, por haber obtenido 55,586 votos, había sido electo magistrado propietario de la Corte Suprema de Justicia.

El mismo dictamen, después de la consideración de que en varias de las actas se consignaron protestas de nulidad por varios motivos, que el mismo no tomó, unas por no estar incluidas en los motivos de nulidad que taxativamente establece la ley y otras porque los hechos en que se fundaron no se acreditaron; después decimos, se declara que de conformidad con la fracción 10ª del Art. 90 de la Constitución Política, tocaba al Congreso hacer la elección de las otras Autoridades Supremas, pues ninguno de los candidatos había obtenido más de 52,566 votos que se requerían.

El doctor Uclés, diremos de paso, no fue electo por más popular, sino que figuraba tanto en la papeleta bonillista como en la arista. (???)

Los diputados Rápalo Bográn y Muñoz Cabañas, por haber disentido en la Comisión, formularon voto particular; y disintieron porque ellos afirmaron que existía la mayoría absoluta en favor de los ciudadanos que formaban la cédula del Partido Nacional. La afirmación la fundaron en la nulidad –que según ellos– aparecía de manera evidente en algunas actas por las coacciones ejercidas antes y al tiempo de las elecciones, especialmente en las de todos los municipios de Ocotepeque, y en los de Puerto Cortés, Tegucigalpa, Güinope, Teupasenti, Iriona, Piraera, Marcala, Olanchito, San Marcos, Coray y Victoria.

El voto particular, al pedir la nulidad de las elecciones de los municipios dichos, agregaba que restando del total la suma de 14,602 votos que arrojan las actas de los mencionados municipios, y deducía la suma de votos que en ellos obtuvo el general Carías y los demás candidatos que formaban su cédula, les quedaba más de los votos que constituían la mayoría absoluta, pues tenían 45,886.

Inmediatamente de puestos a discusión dictamen y voto particular relacionados, el diputado Muñoz manifestó que el problema electoral era uno de los más difíciles y trascendentales de los que hasta aquella fecha se habían presentado a la consideración de la Cámara; que ofrecía dos consideraciones, la del dictamen de la mayoría de la Comisión y la del voto particular, contradictorias entre sí, porque en el primero se afirmaba que no había habido mayoría absoluta de votos para presidente y vicepresidente de la República, cuatro magistrados propietarios y tres suplentes de la Corte Suprema de Justicia; y en el segundo se sostenía que había concurrido la mayoría absoluta para las dichas autoridades; que en ese asunto, conforme la manifestación oficial del presidente de la República hecha en su mensaje del 1° del mes, no debía guiarnos para una acertada resolución, el interés partidarista, del cual se despojaba él para ejercer la alta función de representante del pueblo; que en acatamiento del Art. 53 de la Ley Electoral, para entrar a discutir el asunto y practicar la elección de Autoridades Supremas en su caso, debería en primer lugar resolverse si se levantaba o no el estado de sitio decretado últimamente y que había sometido a conocimiento de la Cámara, pues creía que la función electoral solo podía ejercitarse en pleno régimen constitucional, ya que el asunto de que iba a tratar formaba el segundo periodo del proceso eleccionario; y fundándose en que debía de hacerse un estudio de las actas para conocer los motivos de nulidad en que se fundaba el voto particular y formarse criterio legal de esa cuestión, pidió que se aplazara la discusión, (para lo cual hizo moción, que fue considerada con 21 votos contra 20) entendiéndose que el aplazamiento sería por un término prudencial.

Entrada a discusión la moción, la combatieron los diputados Oviedo, Guzmán M. y Oquelí, Hernández; la defendieron los diputados Moncada, Muñoz y Alcerro Castro; y el diputado Corleto la defendió solamente en cuanto al aplazamiento, que no debía ser indefinido.

Como el diputado Oquelí Hernández al atacar la moción, expresara que la consideraba como una falacia, como un lazo, como una trampa para que se hundiera la soberanía nacional, el diputado Muñoz protestó contra tales aseveraciones y dijo que su moción no tenía por mira que se violara ni la Constitución Política ni la Soberanía Nacional, puesto que su propósito era solamente que hubiera tiempo de estudiar los antecedentes para formarse juicio exacto sobre la procedencia o improcedencia del voto particular.

Al tomarse votación, la moción fue rechazada por 28 votos contra trece, que tuvo a su favor; y después continuó la discusión del dictamen y voto particular, haciendo uso de la palabra los diputados Lanza Ramos, Oviedo y Corleto, en defensa del primero; pero ninguna resolución se tomó porque siendo avanzada la hora se suspendió la sesión.

En las horas que mediaron entre las doce del día 23 y las 9 de la mañana del 24 en que continuó la discusión interrumpida del escrutinio, hubo ir y venir y pláticas entre diputados bonillistas y aristas, y a las 7 de la mañana del propio 24 se nos aseguró enfáticamente que cuatro diputados bonillistas se habían comprometido con el Dr. Arias a votar por él en la sesión de ese día, violentando previamente la discusión.

En esa virtud, muchos de los diputados cariístas preparamos votos razonados, a sabiendas de que peligraba en grado sumo en nuestra vida. El caso de que se dieran esos votos no llegó, pero nosotros queremos que se conserve el nuestro porque revela cuál era nuestro sentir y el estado de nuestro ánimo.

«VOTO RAZONADO

Es para nosotros demasiado grave este momento solmene, lo que impide limitarnos a dar nuestro voto. Los ciudadanos que con su voto nos trajeron a la Representación Nacional, nos pedirían cuenta del uso que hicimos de su mandato.

Es este, por otra parte, el momento propicio de manifestar con toda sinceridad y lealtad que el pueblo hondureño inequívocamente ha llamado a regir sus destinos al Gral. Don Tiburcio Carías A.

Vosotros, la mayoría de la Cámara, vais a traicionar esa voluntad soberana, eligiendo a otro que no responde al mandato de la Nación; vais a triunfar indudablemente, porque en nuestra historia política siempre ha prevalecido el interés de las banderías odiosas y el no amor a la República, a sus instituciones y a la soberanía que reside en los hondureños.

Una Constitución Política anti política y rezagada, os da la facultad de elegir un Gobierno de la Minoría, falseando la democracia.

El proceso electoral está viciado desde sus cimientos, y toda su raigambre descansa fuera de la ley y de la moral; y no queremos por hoy hacer alusión alguna, porque el acaloramiento de las pasiones haría que nuestra voz se perdiera en el vacío.

Vais, pues, *a conservar el partido y el poder*, como ha dicho uno de vuestros corifeos, y por ello sentáis un precedente funesto que tal vez os acarree arrepentimientos tardíos. Nosotros, como ciudadanos libres y honrados, solo lamentaremos las consecuencias que vuestra decisión pueda acarrear a la República más tarde o más temprano; pero por lo mismo que lo sentimos y lo lamentaremos, declinamos las responsabilidades de todo orden en quienes menosprecian al pueblo y pasan por sobre sus decisiones.

Acatando la voluntad soberana y oyendo los dictados de nuestra conciencia, votamos por la fórmula que para Autoridades Supremas encabeza el doctor y general don Tiburcio Carías Andino.

Tegucigalpa, 24 de enero de 1924.

G. A. Castañeda S.   *L. Milla Cisneros*
Luis F. Lardizábal».

CAPÍTULO XVII: INCIDENTE DE NULIDAD

Al anunciarse en la sesión del 24 de enero que continuaba la discusión del dictamen y voto particular de la Comisión de Escrutinio, los diputados Alcerro Castro, Lardizábal, Milla Cisneros y el autor de este folleto, presentaron el incidente de nulidad que copiamos a continuación.

Debían haberlo firmado todos los diputados cariístas a excepción del colega Izaguirre que no estaba incorporado; pero quien sabe qué razones pesaron en el ánimo de los otros amigos, y solo los cuatro mencionados sufrimos la rechifla, el escarnio y el insulto soez de la canalla arista armada y tolerada.

De los diputados adversarios solo nos insultó el Dr. Corleto, queriendo demostrar que nosotros los vencidos de 1919 y caídos de la Administración que expiraba, éramos los que habíamos cometido fraude y coacción sobre ellos, los partidos armados que gozaban del telégrafo, correo y caja nacionales y que contaban con las tres cuartas partes de las autoridades del país; y para hacer ese cargo descabellado y burdo hizo hincapié en que el año anterior los habíamos ganado en buena y recia lid la mayor parte de las municipalidades de la República.

Y el doctor Corleto tenía razón de increparnos aunque falseando la verdad: él había ido personalmente a Ocotepeque a dirigir, arreglar y consumar la imposición desatentada del comandante de Armas; y llegó a tanto su cinismo y su vileza, que nos llegó a acusar de falsificadores de firmas, cuando nosotros acompañábamos copias fotográficas de las órdenes originales y auténticas de imposición.

El diputado Corleto ofreció probar que los que soportamos cárceles, destierros, palos y asesinatos, habíamos coaccionado a nuestros victimarios; pero esa prueba nunca se presentó, como no podía suceder en rigor.

La directiva mandó pasar nuestro incidente a una comisión especial, que compusieron los diputados Gómez Romero, Rivas y Cálix, recomendándole presentar dictamen de la sesión siguiente.

El escrito de nulidad presentado, dice así:

«NULIDAD DE ELECCIONES»

Congreso Nacional:

Los suscritos, diputados de vuestro seno, hemos estudiado detenidamente las actas de las elecciones recién pasadas de Autoridades Supremas, y en orden a estas pasamos a exponer lo siguiente.

Una de las conquistas más hermosas de la democracia es, indudablemente, el derecho que tienen los pueblos para elegir libremente sus mandatarios; y así se constata en forma expresa en la Constitución Política y las leyes que reglamentan aquel derecho.

Desgraciadamente para el pueblo hondureño, tan hermosa conquista de los pueblos cultos y que tanta sangre ha costado a las generaciones, nunca se le ha visto resplandecer con la realización efectiva de que los ciudadanos se vean exentos de las intromisiones del Poder Público, que siempre ha violado el derecho del sufragio, con perjuicio de los intereses nacionales y dando en tierra con la soberanía popular.

Cuando en la iniciación de la pasada lucha cívica, el señor presidente de la República, general don Rafael López Gutiérrez, se comprometió solemnemente ante el pueblo hondureño a que se respetarían y haría que se respetaran por sus subalternos las leyes que garantizan la libertad del sufragio, el país entero se preparó a emprender una cruzada que debería ser tenida como un alto exponente de nuestra cultura, republicana, tanto más creído como que el pueblo sabía que el general López Gutiérrez había hecho derramar mucha sangre en los campos de batalla en la revolución que inició para hacer que se respetaran las garantías constitucionales que infringió el Gobierno del doctor Bertrand.

Pero las circulares del Señor Presidente no pasaron de ser ofrecimientos vanos, pues en la historia de las imposiciones no se registra una tan cruel y sangrienta como la que ha sido llevada a cabo en las elecciones de Autoridades Supremas a que hacemos relación, ya que, denunciados en formas diversas los hechos delictuosos que pusieron en práctica las autoridades para imponer determinada candidatura y dominar así al Partido Nacional, que es el que representa la manifestación de la voluntad popular, no solo no sometió a las leyes penales correspondientes a los que en tal forma violaban la libertad y el derecho del sufragio, validos de la fuerza, si no que los mantuvo en sus puestos, dando pábulo para que los atropellos siguieran; pero aparentando, eso sí, que él, el señor presidente de la República, haría que se respetara la Ley Electoral. Recuerdo de tales declaraciones son los asesinatos cometidos en Tegucigalpa el segundo día de elecciones, la orden del señor ministro de Gobernación a todos los jefes departamentales para que obtuvieran más votos para las candidaturas de Arias y Bonilla, para quitar la mayoría absoluta que tenía la del Partido Nacional, y todo ese enjambre de atropellos de que ha dado cuenta la prensa independiente durante la campaña cívica.

Como las coacciones y fraudes cometidos en algunos pueblos fueron tan monstruosos que la conciencia pública los ha censurado acerbamente, tales actos han viciado de nulidad las elecciones de los municipios donde se cometieron, para cuyo efecto analizaremos los distintos casos.

Elección del Municipio de Tegucigalpa

Desde la elección de la Mesa, la fuerza armada ocupó la puerta del local en donde debían recibirse los votos, colocando además fuertes destacamentos en los bocacalles y recorriendo la ciudad fuerzas armadas de ametralladoras, amenazando de este modo e impidiendo a los electores del Partido Nacional, llegar a las urnas a depositar sus votos, logrando por tal modo el triunfo de la candidatura del doctor Arias, como que se quedaron sin votar más de tres mil ciudadanos afiliados al partido cariísta. A tal extremo llegó la imposición militar en este municipio, que la fuerza armada dividió los elementos de cada partido, separándolos por grupos, violando con ello hasta el secreto del voto que establece nuestra Constitución. En este orden se continuó la elección los días domingo y lunes, y convencidos los impositores de que aun con tal sistema perderían por la pujanza del Partido Nacional, prepararon para el día lunes la tragedia sombría de todos conocida, que ocasionó la muerte a varios ciudadanos y gran cantidad de heridos. La fuerza del Gobierno ejecutó en ese día un acto que nunca se había registrado en la historia de nuestras luchas cívicas, que ha dejado marcados con indelebles caracteres los propósitos que abrigaban las autoridades contra el pueblo, que no tuvo otro delito que querer ejercer el derecho de sufragio. Ese solo hecho vicia de nulidad las elecciones del municipio.

Elecciones de los municipios del Departamento de Ocotepeque

En este departamento el comandante de Armas y gobernador político ejerció con las fuerzas armadas de su mando, coacción sobre todos los electores para impedir que llegaran a depositar sus votos en favor de la candidatura del Partido Nacional, obligando que se votara únicamente por la candidatura del Dr. Bonilla. Estos hechos son del dominio público y además se comprueban con las órdenes dirigidas por él a los comandantes subcomandantes y centros políticos policarpistas, cuyas órdenes, que se acompañan fotografiadas a esta exposición, dicen literalmente: «Ocotepeque, 29 de octubre de 1923.

—Señores comandantes, subcomandante, presidente y secretario del subcomité bonillista. – Procure por todos los medios posibles aumente la votación a favor del doctor Bonilla; que vote todo ciudadano aun cuando no esté inscrito, pues es lamentable que dejen de votar ciudadanos aptos por descuido de no anotarlos en los censos. *La finalidad principal es que aumente el número de sufragios a favor del doctor Bonilla.* Acúseme recibo. – *José María Díaz Gómez*». Está el sello de la Comandancia de Armas. – «Ocotepeque, 30 de octubre de 1923. – Presidente de la Mesa. – San Fernando. – Inmediatamente sírvase aceptarles el voto a todo ciudadano aunque no esté inscrito en el censo. – *José María Díaz Gómez.* – Está el sello de la Comandancia y al margen se lee: «urgentísimo – urgente». Pero si tales órdenes y su correspondiente ejecución no fueran suficientes para constatar la nulidad que se objeta, está el hecho indudable, según se ve de las protestas de las actas de las elecciones y de los testimonios de personas honorables, que los principales miembros del Partido Nacional en cada municipio, fueron conducidos militarmente a la ciudad de Ocotepeque, durante los días de elecciones unos y otros después de la convocatoria a las mismas hecha por los respectivos alcaldes, violándose el precepto legal que estatuye el Art. 52 ref. de la Ley de Elecciones. De todo lo cual resulta que las elecciones de los municipios del Departamento de Ocotepeque, están viciadas de nulidad.

Elecciones del Municipio de Puerto Cortés

La Mesa Electoral de este municipio fue impuesta por la fuerza armada, cohibiendo a los miembros del Partido Nacional que pudieran penetrar al local en donde estaba la urna a depositar sus votos, dando así los jefes de dichas fuerzas –que eran de filiación arista– el triunfo a la candidatura del doctor Arias. Practicadas las elecciones en los días subsiguientes, la fuerza armada se constituyó en el lugar de la elección dejando votar únicamente a los que portaban la divisa que distinguía a los partidarios de la candidatura liberal arista, quienes daban sus votos por 5 y más veces, habiéndose encontrado un ciudadano que se jactaba de haber votado por el doctor Arias diez veces en el mismo día. Fuera de tales hechos atentatorios, se encuentran los cometidos por la misma Mesa haciendo aparecer votos fraudulentos en favor de la candidatura del doctor Arias, propasando en tal forma el número de ciudadanos inscritos en el censo electoral, que es de 1,269 (La Gaceta, 8 de septiembre de 1923) y según las actas de elecciones aparecen como que concurrieron a votar 2,324 ciudadanos, quedando así plenamente establecido el fraude cometido por la Mesa. Llegó a tal punto la violencia que se efectuó contra los miembros del Partido Nacional, que se expulsó de la Mesa a su delegado y se negó a recibir la protesta de nulidad que formuló el Partido, habiéndose visto obligados para constatar, aunque fuera en forma impropia, a depositar en un Consulado la protesta respectiva para demostrar ante la conciencia pública las violaciones que se efectuaban, La nulidad que se objeta está bien fundamentada.

Elecciones del Municipio de San Francisco, Atlántida

Desde el día viernes, víspera de las elecciones de la Mesa, fue enviado un tren militar de la cabecera departamental, conduciendo una fuerza de sesenta soldados, quienes el día de la elección de la Mesa, en unión del Comandante Local y de su fuerza, ocuparon el salón municipal en parte y otros se dedicaron a infundir terror en los afiliados al Partido Nacional. La Mesa expulsó al delegado cariísta y sin permitir que estos llegaran a depositar sus votos –lo que algunos lograron usando la divisa bonillista– hizo aparecer fraudulentamente más votos de individuos que los que en realidad llegaron a ejercer el sufragio, propasándose en esta forma el número de ciudadanos inscritos en el censo –que es de 399– y aparecen como votantes 820 electores. Practicadas en tal forma estas elecciones, la nulidad que se objeta queda bien establecida.

Elecciones del Municipio de Iriona

En este municipio se practicaron las elecciones bajo una coacción feroz de la fuerza armada, la que se colocó en los lugares vecinos al local donde se efectuaban para evitar que concurrieran a votar los ciudadanos afiliados al Partido Nacional. Según orden del Sr. Ministro del Ramo, los trenes de los ferrocarriles de las respectivas compañías no debían funcionar en los días de elecciones para evitar que los utilizaran los partidos políticos; pero dicha orden atentatoria de por sí, puesto que coartaba a los ciudadanos sus medios de locomoción, fue solo cumplida en cuanto se refería al Partido Nacional, pues llegó un tren a Iriona llevando nicaragüenses y salvadoreños para que votaran por la candidatura del doctor Arias; tren que fue enviado por orden expresa del comandante de Armas de Colón, doctor don Gregorio Aguilar O., quien según el acta notarial que se acompaña, ha ejercido presión en todo aquello que ha tenido atingencia con el Partido Nacional, ordenando hasta que se ocultaran los documentos electorales para que no fueran vistos por el presidente del Comité Departamental. Además, lo que se dice del fraude de la Mesa con relación a las de San Francisco, Atlántida, es aplicable también a las elecciones de este municipio; pues según el censo respectivo, solo están inscritos 366 votantes (La Gaceta) y aparecen que llegaron a ejercer el sufragio 1,650. La Mesa retiró al delegado nacionalista y se negó a recibir la protesta respectiva. La coacción y el fraude fueron los exponentes en las elecciones practicadas, siendo por lo tanto nulas.

Elecciones de Güinope, Teupasenti, Piraera, Marcala, Olanchito, San Marcos Sierra, Coray y Victoria

En las elecciones practicadas en los municipios anteriormente nombrados se ejecutaron por los comandantes locales y sus respectivas fuerzas, actos de verdadera imposición contra los ciudadanos afiliados al Partido Nacional, al extremo de que –como pasó en Olanchito– la fuerza armada que era numerosa, ocupó totalmente el local de la elección, para así quedar en condiciones de dejar votar únicamente a los ciudadanos afiliados al partido policarpista. Las protestas presentadas son tan claras y evidentes que no dejan lugar a duda las coacciones ejecutadas por las autoridades mencionadas, quedando así plenamente establecida la nulidad de dichas elecciones.

Las coacciones y fraudes que se alegan para que se declare la nulidad de las elecciones practicadas en los municipios anteriormente nombrados están comprendidos en la causa 3ª del Artículo 54 de la Ley de Elecciones, y Artículos 1°, 19, 47, 48 y 52 ref. de la misma ley y 4° y 64 de la Constitución Política.

Según el cómputo de las actas, excluyendo desde luego la del Municipio de San Cristóbal, Depto. de Atlántida, cuyas actas fueron sustraídas por las autoridades militares policarpistas que fueron enviadas de La Ceiba el día anterior a las elecciones, aparece que concurrieron a votar 105,315 ciudadanos, pero haciendo la deducción de las actas de las elecciones cuya nulidad se objeta por este memorial y que asciende a la suma de 15,422 votos, queda como votación efectiva la cantidad de 89,893 votos como elección general en la República; de manera que la mayoría absoluta es de 44,947. Como la candidatura que postuló el Partido Nacional obtuvo, según se ve de las mismas actas, 49,579 votos, debe deducirse de esta suma 3,820 votos que corresponden a dicha candidatura en las actas cuya nulidad reclamamos, quedando por lo tanto, para los candidatos del Partido Nacional, la suma de 45,759 votos, cantidad mayor que la mitad de la base depurada con la disminución de las actas nulas; y por lo mismo, tales candidatos, al tenor de la ley, han obtenido mayoría absoluta.

* *

La prensa ha denunciado las circulares que, violando los preceptos constitucionales, ha dirigido el Sr. Ministro de Gobernación a los empleados de su dependencia, una de las cuales textualmente dice: «Tegucigalpa. Octubre 29 de 1923. – Sr. Gobernador político. – Circular. – El cariísmo tuvo anoche 150 votos sobre bonillistas y arismo. Creo que no debeos dejar perder el país, el partido y el poder. Procure Ud. que haya el mayor número de Arias y Bonilla y así sea el Congreso el que resuelva la elección. Yo asumo la responsabilidad de todo. – *Ángel Zúñiga Huete*».

Si el Señor Presidente de la República no hubiese autorizado la imposición que se ha llevado a efecto sistemáticamente en el país, ya que lo sabía de modo expreso, tácitamente la ha aprobado, puesto que no tomó ninguna medida para evitar las coacciones que estaban llevando a cabo sus subalternos, a pesar de las inúmeras denuncia que se le hacían, ni ha castigado a los impositores; y la mayoría absoluta de los candidatos nacionalistas habría resultado lujosamente sin que se pidiera nulidad alguna, como resultó al hacerse el escrutinio de la elección del primer día.

Cuando las elecciones de los diputados suplentes por el Departamento de Colón, se le denunció al Señor Presidente y hasta se le presentaron los telegramas que dirigió el comandante de Armas de aquel departamento ordenando a los comandantes locales y secretarios municipales que debían obtener el triunfo por determinada candidatura, y ninguna providencia tomó el jefe del Ejecutivo para evitar el mal y mucho menos para corregir al subalterno infractor, quedando ya desde ese momento perfectamente demostrado que se iba a enfrentar una situación política en la cual los afiliados al Partido Nacional tendrían que soportar toda clase de vejámenes en relación con el ejercicio del derecho de sufragio.

Después de haberse hecho la convocatoria a elecciones de Autoridades Supremas, varios comandantes de Armas, para desorganizar al Partido Nacional y pretextando necesidades militares del momento, pusieron de alta a centenares de individuos; y aunque el Señor Presidente y el Señor Ministro de la Guerra manifestaron que habían ordenado la baja inmediata de los mismos, los comandantes – si recibieron aquellas órdenes– ni siquiera las tomaron en cuenta, como pasó en el Departamento de Atlántida, en donde con pretexto de organizar fuerzas expedicionarias para los días en que se iban a practicar las elecciones para mantener el orden, se dio de alta a más de trescientos ciudadanos; y esas fuerzas expedicionarias ya sabe el público por las denuncias que se hicieron por la prensa, cuál fue la actitud que asumieron, al extremo de que ellas mismas en San Cristóbal (Colorado), simularon una especie de combate, tocando con el clarín un ataque a la bayoneta para amedrentar a los votantes; y al saber que se habían perdido las elecciones, optaron por sustraerse los documentos electorales.

En Valle, en Yoro y en otros departamentos, ya se sabe cómo se desarrolló la imposición.

Si es penoso para los suscritos relatar siquiera en parte los atropellos que se cometieron durante el periodo electoral, más penoso les sería el callarlos, porque sería sentar un precedente funestísimo para nuestras instituciones, que los hombres de honor deben rechazar siempre, y se llegaría a la conclusión de que esta Augusta Asamblea acata las violaciones de la ley por parte de nuestro Gobierno, y la justicia –base de la organización social– quedaría como un árbol tronchado, que mejor sería derribarlo, para no presentar el triste espectáculo de que quien da la ley sea el primero en no respetarla. Los pueblos viven por la seguridad de sus instituciones y cuando estas se ven amenazadas por la ambición inmoderada de los ciudadanos encargados de vigilar el cumplimiento de la ley, poniéndola al servicio exclusivo de sus intereses personales y violándolas cuando a tales intereses conviene, se mina indudablemente por su base el edificio autónomo de los asociados y se deja al pueblo en un camino que tiene que conducirlo al desastre, a la desesperación y al abismo.

Gran responsabilidad tiene que asumir la Augusta Representación Nacional en estos momentos, si no se da cuenta exacta de que el pueblo ha manifestado en forma inequívoca su voluntad en cuanto a las personas que han de regir sus destinos; y que no ha de ser por órdenes arbitrarias de las autoridades que ha de burlarse aquella voluntad, porque para eso existe un tribunal más alto, el tribunal que representa esta Asamblea, que ha de saber inspirarse en el bien de la Patria y en la tranquilidad de los asociados.

No creemos ni por un momento que prive en el seno de esta Augusta Representación una intransigencia indebida para reconocer la verdad de las anteriores afirmaciones porque ellas están respaldadas por documentos auténticos y por las declaraciones y protestas de personas honorables; pero si ello es así y si por desgracia se toma un camino que no sea el que indican la razón y la justicia, dejamos constancia ante el pueblo hondureño que hubo quien exigiera el exacto cumplimiento de la ley y el respeto a la soberana voluntad del pueblo.

Las apreciaciones anteriormente expuestas –que el Congreso Nacional puede comprobar mejor nombrando una comisión investigadora al efecto– nos mueven a pediros: que, anulando las elecciones de los municipios citados, declaréis electos por mayoría absoluta a los ciudadanos que postuló el Partido Nacional, emitiendo para el efecto el decreto correspondiente.

S. C. N.

Tegucigalpa, 24 de enero de 1924.

R. Alcerro Castro   Luis F. Lardizábal
G. A. Castañeda S.   L. Milla Cisneros».

El presidente Rafael López Gutiérrez pretendió iniciar a finales de enero de 1924 su dictadura. Falleció unas semanas después (10 de marzo) de muerte natural.

CAPÍTULO XVIII: DICTAMEN QUE NO ES DICTAMEN

En la sesión del 25 fue presentado el dictamen que a la comisión nombrada le mereció nuestro incidente de nulidad.

El dictamen, que carece de seriedad que debía tener pues, contiene apreciaciones bufas e inexactas de algunos miembros del cariísmo, es adverso al memorial por considerar que la prueba aducida no constituía fundamento jurídico suficiente para que el Congreso pudiera decretar la nulidad pedida; advirtiendo que el diputado Rivas está de acuerdo con dicho dictamen a excepción de lo que se relaciona con el Municipio de Tegucigalpa, en lo que se manifiesta en abierta y franca discrepancia, porque a la luz de la verdad, dichas elecciones deben declararse nulas.

También se dio cuenta con el voto particular del diputado Cálix, que disintió de la mayoría, fundando en que esta –sin estudiar con el detenimiento indispensable los antecedentes– se ha apresurado a emitir dictamen, y él sin ese estudio no puede dar a conciencia su voto en ningún sentido en orden a la nulidad solicitada.

De paso diremos, que entre el voluminoso legajo de comprobantes con que respaldamos la petición de nulidad, agregamos copias autorizadas de las circulares de imposición del ministro de Gobernación, del general Carlos Lagos –jefe militar de la Costa Norte– de doña Anita Lagos, esposa del presidente de la República, etcétera.

Abierta la discusión sobre el dictamen y voto particular arriba relacionados, el diputado Muñoz leyó la siguiente exposición:

«Señores diputados: El problema de más difícil solución satisfactoria para todos los hondureños, que se me ha presentado en mi vida de hombre público y de sociedad, es el que actualmente tenéis en debate, del cual están pendientes las miradas de propios y extraños, porque esa decisión es la paz, la vida de las instituciones, la existencia de la República y la tranquilidad general del pueblo.

Aprovecho esta ocasión para repetirlos mi más ardiente felicitación por haber desechado la moción que propuse para que se aplazara prudencialmente el debate del problema, a fin de hacer un mejor estudio fundado en todos los elementos que seguramente tenía el dictamen doble de la Comisión de Escrutinio, por la diversidad de criterio en que se decidió; pero por una u otra causa, el tiempo ha ido proporcionándoseme y he podido ir haciendo el estudio material del proceso, a la vez que la reflexión mental y acumulación de elementos morales que necesito como colega vuestro y juez que compartirá las responsabilidades históricas con vosotros.

Con fundamento sin igual el presidente de la República dijo en su mensaje que el diputado dejaba de ser partidario para convertirse en el representante nacional. Las decisiones de los jueces, como de los cuerpos colectivos, han menester de una base para dictar sus resoluciones, por suponerse que ha habido un estudio, un análisis de los hechos y de todos los elementos indispensables –cualesquiera que ellos sean– para llegar a la síntesis final.

Este criterio estará basado en estas múltiples manifestaciones que concretadas al actual asunto serían: agente principal y fundamental de lo que determina el estudio para decidir; intereses que caminan simultáneamente, de una manera separada y con desacuerdo, armonización de esos elementos, objeto de tales intereses, sus variadas consecuencias materiales y morales; época y tiempo en que comienza y termina su desenvolvimiento; elementos particulares y oficiales que funcionan para el completo proceso, hasta ponerse en estado de apreciar todo el trayecto recorrido por la acción administrativa; aplicación de las leyes que demanda lo que se estudia; juez que ha de resolver, y finalmente la decisión, sin dejar de prever las consecuencias de la resolución en la que seguramente va envuelta la responsabilidad histórica del juzgador.

Atendiendo a esos antecedentes, comienzo por llamaros la atención de la parte principal del dictamen de la mayoría, el cual es de una importancia suma y trascendental, y dice: «La Comisión se cree en el deber de llamar la atención del Congreso sobre las muchas irregularidades que hacen constar en las protestas de las tres agrupaciones contendientes, pues ellas revelan de una manera evidente nuestra educación política que solo puede ser corregida mediante un laborioso proceso cultural en la paz». Esa síntesis del estudio del proceso electoral más reñido que jamás haya tenido el pueblo hondureño, me hace pediros os dignéis ilustrar mi ignorancia y el modesto criterio que aún tengo y que al fin me llevará, según el decurso del debate, a formar mi criterio y poder emitir el voto que reclama este importante, grave y trascendental problema de la vida política de las naciones, y para llegar al punto de la resolución, tengo el honor de someter a vuestra consideración las preguntas siguientes:

¿Es soberano el pueblo hondureño? ¿El Gobierno de Honduras es representativo? ¿La Soberana Representación, en el caso de debate, la expresa el pueblo por medio del sufragio? ¿Reconoce la Constitución Política que la soberanía reside en la universalidad de los hondureños? ¿Durante el proceso electoral fue respetada y cumplida la Ley Electoral que tiene el carácter de constitutiva, igual y respetable como la Magna Carta? ¿Recordáis las palabras literales del Art. 156 de la Constitución Política? ¿Tal disposición estará en verdadera armonía con el Art. 4° de la misma Constitución? ¿La Carta Fundamental ha previsto y legislado el procedimiento fundamental para cumplir la atribución 10ª del Art. 90 de la misma? ¿Debe cualquier disposición reglamentaria sobreponerse a la Carta Magna para la resolución de problema de tanta gravedad?

¿Los Gobiernos mejores no son los que descansan en la opinión pública de los hondureños? ¿Es el diputado representante de esa opinión pública fundada en el voto de las mayorías que gobiernan las democracias constituidas? ¿Es el diputado representante de la Nación, o representado? ¿Las consecuencias de una resolución del Congreso puede quitar al pueblo hondureño la función que le determina el Art. 167 de la Constitución Política?

Con vuestros debates me llegará la luz que deseo para acabar de formarme juicio, y como consecuencia, el criterio que pide este problema para emitir mi voto definitivo. Tomad, pues, señores representantes, las anteriores manifestaciones como una modesta súplica que os hago, durante el curso del debate que tenéis en acción.

Tegucigalpa, enero 25 de 1924».

El diputado Oviedo se refirió a la exposición anterior, haciendo la explicación de un pasaje del dictamen de la Comisión de Escrutinio que llama la atención del Congreso sobre las muchas irregularidades que se hacen constar en las protestas de las tres agrupaciones contendientes, pues ellas revelan de una manera evidente nuestra defectuosa educación política, que solo puede ser corregida eficazmente mediante un laborioso proceso cultural en la paz, intentando demostrar que tales irregularidades vienen de la deficiente educación recibida en la escuela y del ejemplo de los que en tiempos pasados han sido los directores de los pueblos, no viendo él motivo de alarma por tales irregularidades porque en otras épocas se han cometido, no pecadillos que nada significan, sino crímenes contra los cuales nadie ha alzado su voz de protesta; y menos se justicia la alarma de los señores diputados que piden la nulidad, porque en favor del bando a que pertenecen hubo imposición en las erecciones contra el partido liberal. Respecto del ametrallamiento del pueblo de Tegucigalpa, el 29 de octubre, manifestó que era hecho que tenía que verificarse, porque parece que de antemano era una consigna de los elementos cariístas, cuyas víctimas habían sido bien matadas y que todos debieron haber perecido por ser los autores del desorden y la anarquía; improbando por esta razón la actitud del diputado Rivas que no está en la verdad al fundarse en la matanza dicha para pedir la nulidad de las elecciones del Municipio de Tegucigalpa, ya que la nulidad favorecería a quienes la provocaron.

El diputado Guzmán M. dio lectura a una exposición satírica burlesca que tenemos el pesar de no haber hallado para conservarla en estas páginas, en la cual pedía la nulidad de las elecciones practicadas en los Municipios de Comayagüela, Santa Ana, La Venta, Ojojona, San Buenaventura y Talanga, del Departamento de Tegucigalpa; en el Paraíso, Departamento del mismo nombre; en Choluteca, Yusguare; Concepción de María, El Corpus y Pespire, Departamento de Choluteca; en Nacaome, Departamento de Valle; en El Rosario y Ojos de Agua, Departamento de Comayagua; en San Jerónimo y Copán, Departamento de este último nombre; en Quimistán y Naranjito, Departamento de Santa Bárbara; en El Progreso y Arenal, Departamento de Yoro; en San Manuel, Departamento de Cortés; y en Juticalpa, Departamento de Olancho.

El diputado Moncada hizo extensas consideraciones sobre la peroración del diputado Oviedo, demostrando que incurre en contradicciones que nada suman hacia la finalidad que se persigue, cual es la de practicar las elecciones en el seno del Congreso con ecuanimidad y conforme a la ley; y se refirió a la situación política de aquella fecha y a los atropellos de que seguía siendo víctima el pueblo hondureño. Moncada fue dos veces interrumpido por *bufonadas* del diputado Lozano, por los murmullos de otros diputados aristas y por las risas y provocaciones ofensivas de los aristas que llenaban la galería, las cuales terminaron en desorden total.

El diputado Rivas, contestando alusiones que le hicieron los diputados Moncada y Oviedo, por su opinión respecto de las elecciones verificadas en la ciudad de Tegucigalpa, manifestó que su discrepancia con el diputado Gómez Romero es lógica y se funda en la honradez que lo caracteriza, porque el hecho doloroso que se verificó el 29 de octubre de 1923, no permitió a los ciudadanos depositar su voto, resultando la consecuencia de veintisiete individuos heridos; que tuvo ocasión de oír sus lamentos en el Hospital General y que algunos de ellos habían sido inhumados.

El diputado Oviedo, haciendo la exposición de motivos que prescribe el Art. 17 del Reglamento Interior, hizo moción para que el Congreso se declarara en sesión permanente para resolver de una vez el problema electoral de que se trataba: él mismo pidió que –para ver si se consideraba su moción– se recibiera votación nominal consignando nombres.

La moción anterior, que sin la formalidad reglamentaria había hecho en la sesión del 24 el diputado Corea Bueso, causó espanto en el policarpismo y se aprestó a atacarla si se consideraba, creyendo sin duda que el cariísmo votaría por ella.

Y realmente, nosotros estábamos con la moción, pero votamos contra, no por imprevisión como ha dicho fuera de Honduras el diputado Oviedo, sin porque en aquel momento no teníamos a la mano toda la prueba que habíamos menester, porque no se había discutido ni votado nuestro incidente de nulidad, porque aún nos faltaba por examinar muchas actas tachadas, porque la nulidad pedida por el diputado Guzmán ni siquiera se había pasado a comisión y por otras muchas razones que no vienen al caso, entre las cuales no era la menor nuestra seguridad individual; pues si durante dos o tres horas de sesión no podíamos salir para nada del Salón de Sesiones por temor a una susceptibilidad fingida que valiera una puñalada, ¿qué sería en una sesión permanente tan larga y agitada?

Recuérdese que en los pasillos y galería no había donde cayera un alfiler, tal estaban de llenos por aristas armadas y capitaneados por criminales de alta.

Se recibieron los votos de los diputados Sorto, Oquelí Bustillo, Carrasco, Guzmán M., Lanza Ramos, Hernández, Lozano, Ardón, Oquelí Hernández, Ulloa y Reina, en favor de la moción y los de los diputados Cervantes, Milla Cisneros, Rodríguez L. y Durón Mena en contra. Cuando le tocó votar al diputado Oviedo, razonó su voto, desatándose en recriminaciones, insultos y acusaciones contra nosotros. Júzguese por estas palabras, reconstruidas por él un año después, cuando el calor de la pasión no eran tan elevado: «Señores diputados: Sabía de antemano que mi moción estaba predestinada al fracaso, porque tengo constancias de que hay interés en que la elección presidencial no se lleve a cabo.

He querido, sin embargo, salvar la responsabilidad del partido liberal a que pertenezco, y *señalar al pueblo* quiénes son los que se oponen a esa elección, para que, cuando la dictadura, la anarquía y la intervención pesen sobre la República, el pueblo sepa quiénes son los autores de tales flagelos y les aplique si tiene sentido de justicia, la sanción correspondiente».

El escándalo que el diputado Oviedo provocó, fue fenomenal y la galería se desató en insultos procaces contra los diputados cariístas, salieron pistolas, se martillaron contra los mismos y se les amenazó con lincharlos; y cuando más crecía la barahúnda y el timbre de las amenazas, el diputado Oviedo recomenzaba su perorata y ponía más hiel en sus palabras. Con eso creyeron amedrentar a los que aún no habíamos votado.

El presidente del Congreso, cuando el zafarrancho era insufrible, llamó al orden a los de la barra por tres veces, pero nada consiguió. Ordenó al director de Policía que los desalojara, y este funcionario se limitó a suplicarles que se callaran, y entonces tuvo necesidad de ir al teléfono a pedir fuerza regular del Cuartel de San Francisco.

Mientras esa fuerza llegaba, el desorden y las amenazas continuaron en aumento a tal grado que el vicepresidente se vio obligado a levantar la sesión. Con esa página gloriosa quedaba el arismo dueño del campo, y con más aliciente para continuar la coacción que venían ejerciendo desde el 31 de diciembre del año anterior; y como se ve, aun cuando arismo y bonillismo eran adversarios, las amenazas, los insultos y las provocaciones se dirigían única y directamente a los diputados cariístas.

CAPÍTULO XIX: COMENTARIOS A LA LIGERA

El diputado Oviedo, en su discurso y el dictamen de escrutinio, habló de la falta de educación política del pueblo hondureño, y esa es una verdad a medias.

Nadie, es cierto, se ha preocupado porque la enseñanza cívica se difunda entre el pueblo, y la que se imparte en las escuelas y colegios no es tal sino recitación maquinal de uno que otro texto constitucional. No embargante, apenas hay en Centroamérica un pueblo que se halle tan preparado para las luchas cívicas, y ello se debe a la triste experiencia, a la práctica constante y al natural sentido que tiene de la libertad y el derecho, que en Honduras solo han sufrido momentáneos eclipses.

Lo que sí falta son clases directoras, porque las que el papel de tales se arrogan viven desequilibradas, no tienen visión política y se engolfan siempre en sofisterías y tiquis-miquis. Para ellas valen más las toquillas que los principios, y en nombre de aquellas se atropella todo.

Si algún día tenemos tiempo, analizaremos el desarrollo de nuestras propagandas electorales, especialmente la de 1923; y entonces diremos por qué el arismo –con rarísimas excepciones– solo llevó a sus filas degenerados, viciosos y criminales, y por qué el bonillismo –también con escasas excepciones– se formó de empleados públicos y de quídams que creyeron en los endiosamientos de los caudillos.

Nuestras filas contaban también malos elementos, pero tuvieron que refrenar sus instintos porque nosotros ni dimos licores, ni regalamos vestidos, ni compramos votos, ni pudimos dar sueldos, ni ofrecer empleos a cambio de adhesiones; más siendo el Partido Nacional arriba del 73% del electorado, teníamos, eso sí, el mayor número de buenos elementos con que cuenta el país.

Y eso únicamente lo podrán negar nuestros adversarios en el colmo de la obcecación. Si no hubiera sido así, nos vencen irremisiblemente en los comicios.

Por otra parte, querer en un Congreso, ante testigos presenciales, justificarse el arismo del acto salvaje de haber ametrallado al pueblo en la capital de la República, diciendo que había sido el cariísmo desarmado... es algo tan insólito que solo lo creemos porque lo oímos; y a atenuar ese desaguisado criminal con decir que en otras épocas se habían cometido peores tropelías, es además de embuste grosero, amoralidad superlativa. Un hombre honrado se hubiera callado, pero el sectarismo es atrabiliario y ciego.

El bonillismo no se vindicará jamás, por ningún medio, de haber propiciado la dictadura que no pudieron defender, y contra el arismo pesarán eternamente todos los desmanes, desafueros y atrocidades cometidas durante la campaña electoral al amparo del Poder, y durante la dictadura ejerciendo ese poder. El fallo del porvenir será tremendo, pero nosotros solo relatamos, dejando a la historia la acusación.

Sin las complicidades del Ejecutivo, habría resplandecido al voluntad popular, obteniendo mayoría absoluta clara, numérica y aplastante el partido Nacional; y cometido el crimen de burlar esa voluntad popular por necesidades y ambición nepótica, todavía pudo el Congreso enmendar la plana si las intrigas y combinaciones palaciegas del bonillismo y la terquedad y complicidad palatina del arismo, no hubieran concurrido en maleante unión, a burlar nuevamente y con más escarnio los derechos del pueblo hondureño.

De manera que no es al Partido Nacional a quien corresponden las responsabilidades históricas, que en su debido tiempo declinamos; y no es el Partido Nacional –inerme y perseguido– quien procuró o provocó los tristes acontecimientos que se desarrollaron a raíz del golpe de estado del 1° de febrero de 1924.

Nosotros tendremos otras responsabilidades, que son secundarias y que también previmos, pero no nos fue dable evitar, como el sitio de Tegucigalpa, que sufrieron algunos no combatientes.

CAPÍTULO XX: TRES CARIÍSTAS CONTRA OTRO

El 26 de enero hubo dos sesiones, una que empezó a las nueve de la mañana y terminó a las doce y otra de las dos a las cuatro de la tarde.

En la sesión de la mañana, el diputado Moncada leyó la siguiente exposición.

«*Honorable Asamblea Nacional*:
El día dos del mes corriente, cuando se me interrumpió y se me negó el uso de la palabra para defender el derecho de los diputados en entredicho para ser incorporados, entre los individuos de la *claque* pagada para que viniera a insultar el grupo de diputados, el general Román Díaz me dirigió insultos directos y me vino a retar para que nos batiéramos, todo lo cual ocasionó un tumulto grave que originó la terminación de la sesión. Con motivo de aquellos desórdenes se pidió al presidente de la República que en lugar de la policía viniera la fuerza militar a hacer guardia en la Cámara de Diputados para garantizar la libertad y la amplitud en las deliberaciones.

Efectivamente vino un piquete de fuerza al mando del general Julio Peralta, pero poco después fue retirada esa fuerza y quedó otra vez la Cámara a merced de los ultrajes de las *claques* pagadas para que vengan con gritos y pataleos a interrumpir las peroraciones de los diputados nacionalistas y a amenazar con gruñidos la libertad de opinión.

Entran en esas *claques*, militares de alta armados que nada tienen que hacer ante el Congreso y que por sus palabras ofensivas constituyen una amenaza grave para la vida de algunos diputados y una coacción sobre los mismos.

Ayer, cuando no prosperó la moción dirigida a que el Congreso se declarara en sesión permanente, dijeron en la galería que si no trabajaba el Congreso en sesión permanente que lincharían a los diputados que se opusieran a ello. Al salir el suscrito del recinto de la Cámara, se le enfrentó el general Luis Rivera Martínez y me increpó diciéndome que hoy sábado debíamos elegir presidente, porque si no pagaríamos con la vida el retardo en elegir, y lo mismo hicieron otros de su comparsa, en actitud de agredirme; y como me siguieran tuve que refugiarme en casa de don Urbano Ugarte.

Estos hechos constituyen coacción sobre los diputados, lo cual socava los derechos de los representantes del pueblo para conocer y discutir el problema eleccionario, pues la policía no ha cumplido con su deber al permitir esos escándalos depresivos para la Cámara.

Si no hay garantías para la vida y las libertades de los diputados, nadie decline responsabilidades sobre algunos diputados si el problema eleccionario no se resuelve de acuerdo con la Constitución.

Por todo lo expuesto, hago moción para: 1°, que el presidente del Congreso pida la presencia de la fuerza armada, distinta a la policía, para mantener el orden en la galería y garantizar a los diputados a la salida del recinto de la Cámara; 2°, que no se permita la entrada de policías rebajados armados ni de militares de alta que deben permanecer en sus cuarteles; 3°, que se dé conocimiento al Poder Ejecutivo para los efectos legales; y 4°, para que se levante el estado de sitio".

H. A. L.

Tegucigalpa, 26 de enero de 1924.

La anterior moción no fue considerada por 21 votos contra 20 que tuvo a su favor, habiendo razonado por sus votos los diputados Gómez Romero, Oquelí Bustillo, Lanza Ramos, Oviedo, Sandoval, Lardizábal, Muñoz, Castañeda y Moncada, todos en contra y el último en favor.

Tres caríístas que pudieron hacerla triunfar, votaron contra, y ellos mismos dicen por qué, en el orden en que hablaron.

Lardizábal: Si hubiera tenido miedo, no me habría metido en las andanzas de la lucha, y como la moción Moncada huele a miedo, voto contra ella.

Castañeda: Voto contra la moción del diputado Moncada porque la creo intempestiva e impolítica. No estaría aquí si abrigara miedo, pero aunque lo tuviera no lo haría público. Lo único nuevo y palpitante que tiene es la abrogación del estado de sitio, pero ese no lo levantará el Congreso y ya yo fui derrotado en ese terreno.

Muñoz: Mis nervios todavía están en su puesto y no creo que los afecten mucho los insultos de nadie. Juzgo que el diputado Moncada ha dado con su moción un paso peligrosamente falso y no quiero acompañarlo a desatar sus consecuencias. Por eso, por cariño a él, voto en contra.

Moncada: La derrota no me inmuta porque la sentía, pero siempre triunfo porque constará en el acta y era lo que deseaba. Queda constancia.

Después el diputado Bueso V. hizo moción para que la Mesa en vista de que se encuentra en la Secretaría del Congreso la causa instruida contra el diputado Carlos Izaguirre, suspendiera la sesión para que la Comisión especial encargada del estudio de la nulidad de la elección de dicho diputado, emitía su dictamen y se discuta en esta misma sesión, puesto que es necesario integrar la representación del Departamento de Cortés.

Fue considerada dicha moción, y al discutirse, el diputado Oviedo la amplió en el sentido de que mientras se resuelve la nulidad en cuestión, se llame al respectivo diputado suplente para que así quede integrada a la Representación del Dpto. de Cortés, habiendo sido considerada por 21 votos contra 20. Razonaron sus votos en favor de la moción Oviedo los diputados Lanza Ramos, Lozano, Corleto y Ulloa, y contra ella los diputados Guzmán M., Lardizábal, Moncada, Muñoz, Henríquez, Alcerro Castro y Castañeda.

Sorto Z. dijo que hasta ese día le fue entregada la causa de Izaguirre, y que no siendo abogado, necesitaba consultar previamente la conclusión jurídica que del proceso se desprenda.

El diputado Corleto para armonizar las mociones Bueso V. y Oviedo, suplicó al primero que modificara su moción en el sentido de que pidiera el señalamiento de veinticuatro horas dentro de las cuales la Comisión Especial debería emitir y presentar su dictamen.

El diputado Bueso V. aceptó la excitativa y la Cámara consideró esa moción, y en esa forma fue aprobada, no sin haber antes retirado la suya el diputado Oviedo, retiro en el cual estuvo de acuerdo el Congreso.

CAPÍTULO XXI: RECHAZO DE LA NULIDAD

En la sesión de la tarde del 26 e inmediatamente de aprobada el acta de la sesión de la mañana, la Comisión de Nulidades entregó el dictamen que le mereció la credencial del diputado Carlos Izaguirre V; la Comisión opinó porque se incorporara para completar la representación del departamento de Cortés, pero reservándose el desacuerdo de pedir que se declarara a Izaguirre con lugar a formación de causa, porque no había tenido tiempo de estudiar a fondo el proceso que se le había instruido en 1919.

Con tal salvedad se aprobó el dictamen e Izaguirre quedó incorporado, previas las formalidades de ley.

Hubo especial interés contra el diputado Izaguirre por varias razones, algunas de las cuales quedan a vuelapluma expuestas en páginas anteriores, pero había dos especialísimas: que hubiera de por medio un proceso que arteramente revivieron, y que hubiera sido electo en Cortés.

Desde los primeros días de enero había llamado el arismo a su correligionario, profesor Héctor Pérez Estrada, electo y ya *incorporado* como diputado Suplente por el Departamento de Cortés, con el fin de aumentar a todo trance en el Congreso un voto más, y con deliberado propósito de formar quórum al retirarse el cariísmo de la Cámara, extremo este último estudiado como necesario para nosotros llegado el fin del mes.

El arismo quiso que el profesor Pérez Estrada fuera llamado desde para las sesiones preparatorias, pero no pudieron y dieron largas al asunto. A eso se debió que Pérez Estrada estuviera en Tegucigalpa listo para entrar a cualquier momento, contando con la nulidad de la elección de Izaguirre, bien anulando la credencial, bien declarándolo con lugar a formación de causa.

Después de esa incorporación, continuó la discusión del dictamen de la mayoría de la Comisión, que estudió el incidente de nulidad de las elecciones de algunos municipios de la República, excepto la del Municipio de Tegucigalpa, en que esa mayoría está en desacuerdo.

El diputado Corleto, intentando nuevamente demostrar que las palomas cazaron a los gavilanes, leyó unos documentos relativos a las elecciones efectuadas en el Departamento de Ocotepeque, los cuales a su juicio desvirtúan los motivos de nulidad alegados por los diputados Alcerro Castro y compañeros.

Esos documentos, verdaderos pasquines contra el cariísmo, eran obtenidos en fuentes oficiales, de las mismas autoridades que instigadas, dirigidas y aconsejadas por el propio diputado Corleto, habían enarbolado el garrote de la imposición en favor del doctor Bonilla, candidato de última hora del diputado Corleto, antes padre, mentor y propagandista de la candidatura Mejía Colindres, muerta al nacer.

El diputado Alcerro Castro rebatió brillantemente los puntos fundamentales en que descansaba el dictamen; y el diputado Guzmán M. recordó que con numerosos documentos *irrefutables* había presentado una exposición demostrando los vicios de nulidad de las elecciones de varios pueblos, y deseaba que fueran conocidos por una comisión, aunque no insistía en su trámite, porque aun cuando se hubiera declarado la nulidad, nunca resultaría la mayor absoluta de votos.

Esta era la verdadera intención del bonillismo por miedo del diputado Guzmán M.: llegar a toda vela a que el Congreso declarara que le tocaba hacer la elección por no haber habido elección popular. Y los documentos eran certificaciones de unas listas de electores que decían no existir, intentando probar suplantación de votos; más esas constancias fueron extendidas por funcionarios aristas o bonillistas, por orden especial del ministro de Gobernación.

La pasión ciega, y ella hacía dar traspiés a nuestros adversarios. ¿Cómo iban a hacer creer que los caídos, que los vencidos, habían ejercido imposición sobre el Gobierno, que a eso equivalía ejercerla sobre el bonillismo o arismo, o sobre ambos?

Hasta el sentido común les trabucó el sectarismo a nuestros adversarios; porque aduciendo razones o documentos que eran acusaciones contra ellos y sus procederes, dejaron ver hasta dónde llegarían y de qué serían capaces si el azar les daba el triunfo; y por eso la revolución fue inmensa y arrolladora.

Suficientemente discutido el dictamen, fue aprobado por 26 votos contra 15 que obtuvo en contra, declarándose por esa misma aprobación, sin lugar la nulidad.

Para la resolución de la nulidad de las elecciones del Municipio de Tegucigalpa, de que trata también el dictamen a que se alude en el número precedente, en que están en desacuerdo los diputados Gómez Romero y Rivas, opinando este que se declare la nulidad, la Mesa preguntó al diputado Cálix, que era el otro miembro de la Comisión, si se adhería a la opinión del diputado Rivas, en virtud de que el voto particular que formuló el propio diputado Cálix, no se pronuncia ni en favor ni en contra; y habiendo contestado afirmativamente, la Mesa manifestó a la Cámara que tenía ambas opiniones como dictamen, y la del diputado Gómez Romero como voto particular, sometiendo a discusión ambos asuntos.

Hablaron contra el dictamen, alabando el ametrallamiento del pueblo capitalino, los diputados Oviedo, Gómez Romero, Lanza Ramos y Lozano; y defendieron dicho dictamen los diputados Rivas, Moncada y Lardizábal.

Sin más discusión se procedió a votar, resultando por el dictamen 18 votos y 22 por el voto particular. En consecuencia se aprobó este último, quedando desechada la nulidad.

Cuando el cariísmo presentó el incidente de nulidad, sabía que sería derrotado, y por eso no quiso ahondar mucho el asunto haciendo un memorial extenso que abarcara todo el proceso electoral, para lo cual contábamos con documentación abundante, explícita y auténtica, hasta el extremo de poseer las órdenes de imposición, en clave, de casi todas las altas autoridades.

Para nuestro objeto, fue suficiente el alegato que presentamos; y aún tuvimos recelo de acompañar auténticos los comprobantes porque sabíamos la suerte que correrían; fueron en fotografía. Los demás los guardamos para tiempos de más calma, tal vez para hacer el estudio que nosotros no hicimos en aquel tiempo.

General Gregorio "El Indio" Ferrera, uno de los jefes de la llamada revolución del 24.

CAPÍTULO XXII: PRELIMINARES DE ELECCIÓN

Resuelto, como queda dicho, nuestro incidente de nulidad, se sometió, en la sesión de la mañana del 28, a discusión el dictamen de la mayoría de la Comisión de Escrutinio de las elecciones de Autoridades Supremas practicadas en la República durante los días 29, 29 y 30 de octubre de 1923, en el cual dictamen se declaraban que solamente a favor del doctor Alberto Uclés había elección popular para magistrado propietario de la Corte Suprema de Justicia, siendo el caso de que el Congreso ejerciera la atribución 10ª del Art. 90 de la Constitución Política, respecto de las demás autoridades, entre los tres candidatos que habían obtenido mayor número de votos.

El voto particular de los diputados Rápalo Bográn y Muñoz Cabañas no fue puesto a discusión, lo cual explicó la Mesa diciendo que estando comprendido el valor particular en la nulidad que se había desechado el día anterior, quedaba por ese mismo hecho desechado también dicho voto particular.

Nadie objetó el dictamen: los liberales –secos y mojados– estaban de acuerdo, y nosotros no teníamos ya recurso legal que alegar, pues aunque hubiéramos impugnado, nos hubieran vencido en la votación sin lograr otra cosa que un ligero aplazamiento que no nos daba ninguna ventaja. Fue pues aprobado el dictamen relacionado con 30 votos por 11 en contra, razonando sus votos los diputados Bueso V. y Muñoz; pidiendo el primero que se hiciera constar en el acta que habiéndose pronunciado el Congreso contra la nulidad pedida por los diputados Alcerro Castro y compañeros, estando en ella comprendida la nulidad de las elecciones a que se contrae el voto particular, este queda por el mismo hecho denegado y por consiguiente, su voto lo daba a favor del dictamen.

Estaba ya expedito el camino, y este no era más que uno: proceder a la elección de autoridades supremas entre los tres candidatos que había obtenido mayor número de votos, y como solo habían sido tres los candidatos, entre ellos había que elegir.

El presidente del Congreso propuso, por medio de la Secretaría, que la elección de Autoridades Supremas –llegado el caso– se practicara en dos sesiones verificando el sorteo entre los tres candidatos que habían obtenido el mayor número de votos, para cumplir con la Ley Fundamental, principiando por el presidente, y luego el vicepresidente, designados y magistrados de la Corte Suprema de Justicia.

Se pronunciaron en contra los diputados Oquelí Bustillo, Oviedo y Oquelí Hernández en virtud de que a raíz de la aprobación del dictamen procedía la elección de Autoridades Supremas, habiendo opinado como el presidente los diputados Guzmán M. y Rivas.

El diputado Alcerro Castro hizo moción para que el Congreso declarara –como cuestión previa– si se efectuaría el sorteo entre los tres candidatos, en el caso de que pasadas las tres votaciones, resultara empate: fue considerada y puesta a discusión.

El diputado Moncada expuso varios argumentos en pro de la moción porque a su juicio precisaba determinar la cuestión de sorteo, puesto que no está expresa la Constitución en este punto y el Reglamento del Congreso no puede servir para organizar los otros Poderes del Estado; y por consiguiente, era interesante llegar a una interpretación constitucional, porque los caros destinos de la Patria no podían dejarse al azar.

El diputado Corleto manifestó que él no era amigo del sorteo, pero que si no se llegaba a él, el diputado Moncada y el proponente Alcerro Castro debía indicar de qué otro modo podría resolverse el empate, puesto que no estábamos en condiciones de efectuar las cuarenta y tres elecciones que dieron por resultado la designación de Mr. Harding como candidato a la Presidencia de los Estados Unidos de América.

El diputado Guzmán M. hizo moción –que se consideró– para que se aplazara la discusión de la del diputado Alcerro Castro para continuarla al tener lugar la tercera votación, pues por ahora la consideraba anticipada.

El diputado Mejía Colindres dijo más o menos: «Urge la pronta resolución del problema electoral para calmar la ansiedad del pueblo hondureño. Por razones de dignidad, de patriotismo y de soberanía, debemos elegir sustituto al general López Gutiérrez, pues de lo contrario habremos cometido para el pueblo la más negra de las traiciones, quedando sujetos a las responsabilidades históricas, ya que nuestro incumplimiento de la Constitución significa nada menos que cavar la tumba de la Patria; y una justa maldición del pueblo pesaría sobre nosotros y nuestros descendientes como castigo a nuestro crimen de traidores».

El diputado Muñoz dijo que en el Congreso él era únicamente diputado, sin tener en mira más que los intereses generales y el cumplimiento de la Constitución Política, siendo uno de los primeros que vehementemente deseaba que la elección se practicara conforme lo prescribía la ley, sin aplicar el Reglamento en cuanto al sorteo porque a su juicio dicho Reglamento no regía el caso de la elección de Autoridades Supremas.

Terminada la discusión, se aprobó la moción Guzmán M. que aplazaba la moción Alcerro Castro, y se desechó la proposición del presidente del Congreso.

El cariísmo no quería ir al sorteo, no porque lo creyera inmoral como alguien dijo, sino porque estaba convencido que si el favorecido no era el general Carías, la revolución hubiera estallado aun sin autorización de él y hasta contra su orden en contrario. El régimen que expiraba había creado una atmósfera de dinamita –valga la expresión– y el pueblo veía claro que la designación de Bonilla o de Arias era la prolongación, cuando menos en el tiempo, de una administración más que desacreditada, odiada.

Aún teníamos otro argumento: según el propio Reglamento, el sorteo solo debía verificarse entre los doctores Carías y Arias, que eran los que tenían y tuvieron más votos en la Cámara; y además de que saliendo Arias favorecido, no se evitaba la revolución, se corría el riesgo –antes de tiempo– de que el doctor Bonilla impulsara al general López Gutiérrez a disolver el Congreso y decretar la dictadura, buscada, preparada y anhelada por ambos.

Aún más: nosotros habíamos obtenido en los comicios, y probado, sostenido y alegado en el Congreso, la mayoría absoluta a favor del Partido Nacional; y no por afán partidarista si no porque eran los hechos los que hablaban, y porque flotaba como verdad inconcusa en la conciencia nacional.

Si hubiéramos aceptado el sorteo, hubiéramos traicionado nuestra propia consciencia y nuestro propio sentimiento.

Y por último, teníamos la íntima convicción, que en el mismo caso aunque por diferentes motivos, se encontraban los otros dos candidatos; nunca se habrían conformado y habrían apelado a todo recurso para que no tuviera efecto, si aceptando nosotros el sorteo, la fortuna hubiera favorecido al general Carías.

Los liberales, o colorados, lo que no querían bajo ningún punto de vista era bajar del poder, y menos entregándolo al adversario aborrecido, y prueba de esto son las pláticas habidas entre diputados bonillistas y aristas, a raíz de las elecciones, y en las cuales se habló de que ninguno de los dos bandos en ningún caso, darían sus votos al doctor Carías.

¿De qué, pues, habría servido el sorteo? ¿Para qué ir a él si estábamos de antemano convencidos de que toda resolución por ese medio sería infructuosa?

Y debemos declarar de una vez que no habíamos creído antes de enero en la necesidad de la revolución, y que en ese entonces, viéndola inevitable, no teníamos cómo hacerla.

Nos tildaron de revolucionarios, y el concepto no lo merecíamos; fuimos a la revolución por necesidad, arrastrados por el pueblo, y las armas y los pertrechos se los quitamos a las fuerzas del Gobierno.

Si hubiéramos estado listos para la revolución, habríamos ejercido presión en Tegucigalpa para solucionar la crisis; y no habría la revolución durado tanto ni sufrido tanto.

Alguien historiará esa faz, y exhibirá los documentos necesarios: el arismo era el revolucionario, y facciosos el bonillismo y el Poder Público.

Nosotros no tuvimos más que seguir la corriente popular para evitar que nos arrollara... y con razón.

CAPÍTULO XXIII: PRIMERA VOTACIÓN

En la sesión que tuvo lugar en la tarde del 28 de enero, y en cuanto el acta de la mañana fue aprobada, se procedió a practicar la elección del presidente y vicepresidente de la República, cuatro magistrados propietarios y tres suplentes de la Corte Suprema de Justicia, entre los tres candidatos que obtuvieron el mayor número de sufragios, por no haber resultado mayoría absoluta –según declaración de la mayoría del Congreso– a favor de ninguno de ellos en las elecciones practicadas en octubre de 1923, excepción hecha del doctor Alberto Uclés que sí la obtuvo para magistrado propietario de la misma Corte.

En la elección de presidente resultaron 15 votos para el doctor y general don Tiburcio Carías Andino, 18 para el doctor don Juan Ángel Arias y 9 para el doctor don Policarpo Bonilla. Para vicepresidente obtuvieron el doctor don Miguel Paz Baraona 16 votos, el doctor don Miguel Oquelí Bustillo 18 votos y el doctor Don Mariano Vásquez 8 votos.

Como la votación se alargara demasiado con las candidaturas de magistrados, no fue posible repetir la votación para deshacer el empate de cada una de las elecciones verificadas; era la hora muy avanzada.

Razonaron sus votos en la elección de presidente los diputados Bueso V., Rápalo y Muñoz, y en la de vicepresidente el diputado Corleto, habiéndolos presentado los dos primeros en los términos siguientes:

«*Voto razonado*. – El pueblo hondureño, penetrado de la gravedad de este momento histórico, se halla pendiente de que el Congreso resuelva el problema electoral en armonía con los dictados del patriotismo y tomando en cuenta la voluntad ciudadana claramente manifestada en los comicios de octubre.

Hermoso y edificante ejemplo sería para las generaciones del porvenir, el que esta Augusta Asamblea, al pronunciar su fallo con motivo de la elección de Autoridades Supremas, se inspirara en elevados sentimientos de justicia, y haciendo a un lado prejuicios y pasiones sectaristas, solo tuviera en mira que la consolidación de la paz es una necesidad para salvar las instituciones de la República.

Por desgracia, mucho temo que no sucederá así.

Los bandos políticos encontraron en la lucha que acaba de terminar, un campo abonado para que fructificara la semilla de la discordia, la cual ha tenido su prolongación en el seno de este Congreso y que está poniendo en peligro algo que es necesario conservar a todo trance: la autonomía nacional.

Declaro que ninguna participación tomé en la lucha cívica, limitándome a dar mi voto como ciudadano en favor de la candidatura del doctor Policarpo Bonilla, de cuya personalidad política he tenido y tengo el más elevado concepto.

Creo encontrarme colocado, como muy pocos de mis honorables compañeros, en una plataforma de verdadera imparcialidad.

En ese concepto, quiero dejar constancia en este momento que al dar mi voto como representante del pueblo por la fórmula que encabeza el General Tiburcio Carías Andino, no me mueve otro interés que el interés patriótico que sea en Honduras una realidad el respeto al voto de las mayorías, ya que estoy íntimamente convencido de que, sin la intervención del Poder Público, la candidatura del general Carías habría sumado la mayoría absoluta de sufragios populares.

Y esa afirmación la hago por constarme lo cometido en las elecciones practicadas en Puerto Cortés, y por haber tenido a la vista documentos irrefutables que prueban las coacciones y la presión ejercida por algunas autoridades militares en varios departamentos de la República».

Tegucigalpa, 28 de enero de 1924.

«*Voto razonado*. – Declaro enfáticamente que no pertenezco a ninguno de los bandos políticos que se disputaron el poder, y por consiguiente no tengo compromiso expreso de dar mi voto a determinado candidato.

Deseaba que para la resolución de tan trascendental problema se pusieran de acuerdo los tres bandos, por lo menos dos de ellos, para garantizar la soberanía del país y estabilizar la paz; desgraciadamente para Honduras eso no ha sido posible, por sentimientos partidaristas y por egoísmo personal que ahonda en extremo las divisiones de la familia hondureña.

Considero, y esa es mi opinión, que la llegada al poder de una agrupación aisladamente, constituye la provocación inmediata de la revuelta armada, hecho indudablemente desastroso para la vida de la República.

Ojalá yo esté equivocado.

Quiero que conste, de una vez para todas, que por intransigencia mía no habrá dificultad alguna para que la Cámara resuelva en favor de uno u otro candidato; y si mi voto le da el triunfo a cualquiera de ellos, no tendré inconveniente en rectificarlo para que el asunto se resuelva sin zozobras y en la mejor armonía en el seno del Congreso.

Conforme a mi criterio personal, y sin que en mi ánimo influya otro móvil más que el de considerar al candidato más capacitado, más apto y más hábil para regir los destinos del país en estos momentos difíciles, voto por el doctor Policarpo Bonilla, con la salvedad indicada».

Tegucigalpa, enero 29 de 1924.

La salvedad del voto del diputado Rápalo es significativa, y no queremos dejarla pasar.

Como ya hemos dicho, el doctor Arias, como hombre de mundo, buscó en el bonillismo los números que le faltaban para la mayoría absoluta en el Congreso; y válido corrió entonces y después los aristas lo han repetido, que los diputados Mejía Colindres, Corleto y don Carlos Romero se habían comprometido a votar por el doctor Arias, compromiso que databa de la media noche del 24 de enero. El diputado Rápalo solo se comprometió a medias, con la condición de hacer él la mayoría absoluta de 22 votos.

Sin embargo, ya se vio que esos comprometidos no votaron por el doctor Arias. Dizque los obligó a rectificar un telegrama del doctor Ángel Ugarte, fechado en Managua, y en que comunicando al doctor Bonilla como cierta la noticia, le preguntaba en cuánto se habían cotizado.

Algunos dijeron que el compromiso era solo ardid del doctor Bonilla para adormecer al doctor Arias; y otros sostienen que el ardid fue el telegrama, fraguado por el mismo doctor Bonilla para volver a su puesto a los comprometidos y evitar la elección del doctor Arias.

Sea de ello lo que fuere, lo cierto es que con la connivencia punible del Ejecutivo, fue el doctor Bonilla, en toda ocasión, el que estorbó la elección presidencial.

CAPÍTULO XXIV: PACTO CARÍAS-ARIAS

En la sesión del día 29, después de aprobar el acta, se manifestó a la Cámara que como no fue posible practicar la segunda votación el día anterior, conforme al párrafo 1° del Art. 33 del Reglamento Interior, en el asunto de la elección de Autoridades Supremas, procedió tener el paréntesis abierto como discusión del mismo asunto, cumpliendo los términos del indicado párrafo 1° que separa las dos votaciones de que habla cuando ocurre empate; y el Congreso estuvo de acuerdo con esto, pasando a practicar la elección, recibiendo el voto nominal y obteniéndose el resultado que sigue.

Para presidente de la República, los doctores Tiburcio Carías A., Juan Ángel Arias y Policarpo Bonilla, 15, 18 y 9 votos respectivamente; y para vicepresidente, los doctores Miguel Paz Baraona, Miguel Oquelí Bustillo y Mariano Vásquez, 16, 18 y 8 por su orden.

En ninguna de las votaciones resultó mayoría absoluta.

El asunto quedó pendiente para el siguiente día, habiendo insinuado el diputado Corleto la conveniencia de que se celebrara sesión por la tarde del propio día 29. Oviedo acogió la insinuación y la presentó como moción, pero no fue considerada.

El mismo día 29 debió haberse practicado la tercera votación, ya que la verificada se había dado como hecha el día anterior, e incontinenti del tercer empate irremediable procedía el sorteo previsto por el Reglamento; pero no se hizo para esperar hallar el modo de solucionar el conflicto a que habíamos llegado.

Los tres bandos no cedían nada en su opinión, y no se habría resuelto nada ni con mil votaciones, que habrían dado el mismo resultado; y al sorteo, dicho queda que nadie quería llegar. Solo el doctor Arias había dicho que se sujetaba a él, pero también hemos dicho que la solución por sorteo no salvaba los peligros, pues siempre quedaban dos fracciones inconformes contra la que triunfara en el sorteo.

El caso era único en la historia del país, y con él se barajaban y se aventuraban cuantiosos intereses de todo orden. Había que buscar una fórmula ex ley, que sin violar esta, evitara la anarquía.

En esta circunstancia, el doctor Arias –que todo lo tenía perdido, pues habían fallado todos sus cálculos, combinaciones y esperanzas– provocó un entendido cordial con el doctor Carías, queriendo así salvar todos los escollos y lograr el doctor Arias siquiera participación en el gobierno.

Las pláticas se efectuaron en la Legación de los Estados Unidos, con la mediación *amistosa* del ministro Mr. Franklin E. Morales, y duraron más de cuatro horas larguísimas.

Después de las seis de la tarde, salieron los dos candidatos, llevando cada uno un ejemplar de las bases convenidas y comprometidos a canjeárselas antes de las nueve de la mañana del siguiente día 30 de enero.

Sentimos no tener a la mano aquel célebre documento, pero explanaremos sus principales cláusulas, que en síntesis fueron:

1º. Renuncia de ambos candidatos a su derecho de ser electos por el Congreso.
2º. Elección de vicepresidente de la República en el Dr. Paz Baraona para que ejerciera la Presidencia en el periodo 1924-1928. Al doctor Paz debían elegirlo cariístas y aristas.
3º. Integración de la Corte Suprema de Justicia con tres magistrados propietarios aristas y dos cariístas; y dos suplentes cariístas y un arista.
4º. Elección de un arista, el doctor Francisco Bueso, como primer designado a la Presidencia.
5º. Provisión de todos los empleos administrativos, desde secretarios de Estado, por mitad, es decir, un 50% cariístas y el otro 50% aristas.
6º. Obligación del Gobierno de nombrar en el Departamento de Copán, solo empleados que aceptara o designara el doctor Arias.
7º. Amplia e incondicional amnistía por todos los delitos cometidos en la República hasta esa fecha.
8º. Pago de doscientos mil dólares al doctor Arias, por sus gastos de propaganda.
9º. Efectivas y prácticas garantías constitucionales para todos los hondureños.

Como se ve por esa ligera enumeración, el triunfo no era nuestro, pues solo las cláusulas 2ª y 5ª nos favorecían, y en cambio en las demás nos dábamos atados de pies y manos; y fuimos hasta lo increíble, hasta hacer al doctor Arias árbitro del Departamento de Copán, donde reside, y que había sido de los que más habían sufrido durante la campaña cívica y donde más se luchó contra el arismo, que allí tiene sus reales desde 1903.

El doctor Arias no había gastado lo que se le reconocía, pero dando que ello haya sucedido, también el doctor Carías había gastado tanto o más por su condición de desafecto al Gobierno; y al general Carías nada se le reconocía, rompiendo así la equidad.

No obstante, el arismo había dicho y continúa diciendo que el convenio era para ellos una derrota que solo aceptaban para evitar la revolución; y en el colmo de la maldad y de la insensatez, se han hecho pasar por víctimas, alegando que nuestra mala fe rompió el pacto.

El doctor Carías nos reunió a los diputados y nos hizo conocer el pacto, y aunque con dolor, le manifestamos conformidad por lo hecho; solo le pedimos que en cuanto fuera dable, le agregaran las palabras *honrados y capaces* a la cláusula que estatuía la provisión de los empleos en personas de los dos bandos. Y creyendo haber cumplido un deber eminentemente patriótico, esperamos la mañana siguiente.

También el doctor Arias reunió en la noche a sus diputados, y hasta temprano, estaban de acuerdo con el pacto, según se desprende del papelito que dice:

«General Carías: Con la opinión de la mayoría de los diputados a quien he consultado, le ratifico lo convenido. Dentro de un momento los tendré todos aquí, y creo tener su aprobación Mañana a las ocho de la mañana se redactará el convenio detallado a base de lo escrito. Desde luego *no hay que oír, como convenimos*, proposición alguna y se dará a conocer hasta que se haya firmado y empezado a cumplir.

Seamos patriotas y leales. – Su afmo.

Juan A. Arias.

A las 8 a. m. en el mismo lugar mañana».

El anterior está escrito con lápiz y sin fecha, en un formulario de telegrama de la ASAMBLEA NACIONAL CONSTITUYENTE que pensaron convocar a raíz del Decreto de Dictadura. Lo subrayado, lo está así en el original, y obedece a lo insinuado por el general Carías de que el doctor Bonilla intentaría por cualquier medio hacer nugatorio el convenio.

Cuando en el Hotel Agurcia, residencia del doctor Arias, se redactaba la fórmula que presentaría al general Carías a base de los puntos transcritos, llegaron de la Costa Norte los licenciados Carlos Lagos y José María Guillén Vélez, don Jesús Paz, etcétera, y según refiere el diputado Oviedo, uno de ellos en actitud de reproche le dijo: ¿Tú vas a votar por el Dr. Paz Baraona? ¿Tú vas a contribuir al hundimiento del Partido Liberal y al triunfo del cachurequismo? El doctor Paz Baraona es más cachureco que todos los cachurecos juntos, y sobre todo eso, es neurasténico, habiéndose dado el caso de que ya haya perdido el juicio varias veces por largas temporadas. El doctor Paz Baraona en el poder sería el peor desastre. ¡Imagínate, un cachureco espeso y loco por añadidura!

Oviedo contestó: «Hemos aceptado pactar porque no se ha encontrado otro medio para salvar al país de la anarquía; pero si ustedes hallan una fórmula distinta y satisfactoria, yo hablaré con el doctor Arias y con mis compañeros de Congreso para que la inteligencia del general Carías se anule mañana».

«La fórmula está hallada. Los diputados policarpistas, que con ustedes mayoría, votarán por el doctor Miguel Oquelí Bustillo, y este como vicepresidente ejercerá el poder en el periodo próximo. Hay que hablar con el doctor Corleto que tiene instrucciones para pactar en representación del policarpismo. Hay que hablar con él esta misma noche».

Cedemos la palabra a Oviedo para que como mejor enterado, nos relate cómo fue que el doctor Bonilla los dejó sin retrato y sin Beatriz.

«A las doce de la noche, sin que el doctor Arias supiera una palabra, estábamos en casa del doctor Corleto los diputados José Oquelí Hernández, Salomón Sorto, Carlos Muñoz y el que esto escribe. Nos recibió con marcadas muestras de deferencia y nos dijo:»

—«Estaba esperándolos. Quiero saber si están dispuestos a romper con el gregarismo y salvar al país y al Partido Liberal del pacto celebrado por el doctor Arias con el general Carías para hacer a Paz Baraona presidente».

—«Le contestamos: el pacto no ha sido celebrado todavía. Se ha platicado sobre el particular y hasta mañana se resolverá si se firma o no. De manera que si ustedes proponen una mejor fórmula es todavía tiempo de evitar la elección del doctor Paz Barahona».

—«Naturalmente. Vamos a elegir mañana al doctor Oquelí Bustillo policarpistas y aristas, sin más compromiso que el de hacer un Gobierno Liberal. Ya hemos convenido en ello los diputados policarpistas y tengo amplios poderes para tratar con ustedes»

—«¿Es esto en serio, doctor Corleto?».

—«Como ustedes lo oyen».

—«Muy bien, pues fiamos en su palabra y comunicaremos su compromiso al doctor Arias para que notifique al general Carías que toda plática de inteligencia entre ellos debe darse por concluida».

—«Naturalmente, y aquí está mi firma como garantía del compromiso. Y nos extendió un papel en que hacía constar que los diputados policarpistas darían su voto en la sesión del siguiente día del Congreso, por el doctor Oquelí Bustillo».

«Muy temprano de la mañana del 30 comunicábamos al doctor Arias la noticia formidable. ¡El policarpismo estaba con nosotros! Y el doctor Arias nos contestó: No hay tal. Eso es una intriga de Policarpo para evitar la elección de Paz Baraona y arrojar el país a la guerra. Esperemos unas pocas horas y quedarán convencidos».

«Y así fue matemáticamente».

Antes de continuar, debemos decir que con la venia de los doctores Carías y Arias, desde antes de salir el 29 de la Legación Americana, el ministro Mr. Morales, por medio del cónsul americano en Tela, habían llamado al doctor Paz Baraona; y en la misma noche del 29 salían a encontrarlo en automóvil expreso, el ingeniero Luis Bográn, de parte del general Carías, y don Alfonso Guillén Zelaya, de parte del doctor Arias.

Habíamos convenido cariístas y aristas diputados, tratar en la sesión del 30 en el Congreso, los asuntos pendientes que no fueran políticos, a fin de dar lugar que los candidatos pactantes perfeccionaran el documento, caso que se nos avisaría por nuestros respectivos candidatos, y por teléfono, para proceder a la elección del doctor Paz Baraona.

Cuando el que esto escribe llegaba al Salón de Sesiones, mucho después de las nueve de la mañana, no encontró a la mayor parte de los diputados aristas; y como tal le extrañara interrogó al diputado Corea Bueso, quien le replicó que habían surgido dudas sobre la legalidad de la elección del doctor Paz y se trataba de hacerla viable eligiendo presidente al doctor Arias, quien renunciaría incontinenti.

De momento, y sin conocer la tinterillada del doctor Bonilla, pensamos que se presentía sorprender nuestra buena fe, y si por desgracia consentíamos en la última pretensión arista, dicho bando rompería el quórum para esperar el 1° de febrero; pero indagando, supimos que el diputado Rápalo había llegado muy temprano y había dicho al arismo de la Cámara que la elección del doctor Paz Baraona dejaba en pie el problema presidencial, y que podría suceder que pasado algún tiempo el cariísmo obligara al doctor Paz a hacer elegir por el Congreso al general Carías, y que como este era el que no convenía al país, era menester llevar al doctor Paz libre de esa posibilidad.

E incontinente indicó el medio apropiado. Convenir en elegir presidente al doctor Arias, quien debía poner su renuncia en manos del general Carías para que se la aceptara inmediatamente el Congreso, con lo cual se podría sin temor elegir al doctor Paz.

El arismo cayó en la celada, y comisionaron al diputado Gómez Romero para ir a la Legación Americana –donde se hallaban ya Arias y Carías– y le comunicara lo que dejamos dicho; y ya entonces picado en su vanidad, el doctor Arias se olvidó del doctor Bonilla y de sus intrigas, y echó al tapete la peregrina proposición de ser electo presidente por tener tres diputados más que el doctor Carías.

El general Carías objetó su mayoría absoluta, y entre ambos hubo agrura; y como la última proposición del arismo rompía todo lo hablado y convenido porque era excluyente, habiéndose el doctor Arias negado a retirar la pretensión, el general Carías le dijo:

—En ese caso, y bajo esa condición, nada hemos hablado y queda todo concluido. Mi condescendencia y el sacrificio de mi partido no pueden llegar hasta ahí.

El doctor Bonilla, por medio del diputado Rápalo, había dado al traste con la última pacífica solución hallada al problema electoral de 1924. El solo quería la dictadura si no era él el electo presidente; pero queda demostrado una vez más que no fue el arismo el intransigente: fueron sus adversarios, el uno intransigente y el otro miope, quienes desencadenaron la sangrienta revolución que siguió.

Y es a la vez una prueba más evidente, de que no estábamos preparados para la revolución, pues que poníamos todos los medios para que no estallara.

Como el Congreso estaba pendiente de lo que resolvieran los candidatos en la Legación Americana, suspendió la sesión a las once y media para continuarla en la tarde. El acta de ese día es lacónica en lo que a esto se refiere: «3°. – Se propuso a la Cámara suspender la sesión para continuarla a las dos y media de la tarde del mismo día, y entonces continuar con la tercera votación de Autoridades Supremas; y fue aprobada la proposición, suspendiéndose la sesión a las once y media de la mañana, sin haber podido reanudarse por falta de quorum».

El cariísmo, convencido de que nada resolvería el Congreso, por todo lo que dejamos apuntado, y seguro de que todo estaba listo para decretar la dictadura, creyó que su papel estaba terminado en el Congreso Nacional; y no volvió a presentarse a su Salón de Sesiones, que hubiera sido en su tumba.

CAPÍTULO XXV: MR. FRANKLIN E. MORALES

Antes de continuar nuestra escueta relación, debemos dedicar cuatro palabras a este individuo que en muchas ocasiones deshonró el alto cargo que le había confiado la Gran Federación.

Desde que en la República empezó el debate electoral, Mr. Morales tomó más interés que el que debía, por su afinidad con una apreciable familia de la Capital, policarpista *pur sang*. A ella debía muchos servicios, desde que en el Hotel Agurcia servía cocktails en la cantina, cuando aún no había hallado en Massachussets un senador federal que lo elevara a un puesto que nunca mereció.

Siendo López Gutiérrez, ciego y férvido adorador del doctor Bonilla, Mr. Morales tuvo que inclinarse hacia él; pero también el doctor Arias le hizo la Corte y algo obtuvo para su candidatura.

A eso se debía el odio cafre que guardó y guarda para el general Carías y a ello se debió que ante el Departamento de Estado Americano nos hiciera aparecer al doctor Carías y a su partido como unos forajidos, bolcheviques tropicales, que no garantizaríamos ni la paz, ni la vida de los *liberales* ni los intereses americanos.

Y el Departamento de Estado, que en Honduras no tenía mejor fuente de información, creyó a su ministro, interesado como el que más en que se perpetuara el régimen *colorado* en Honduras.

A su acuciosa gestión contra el cariísmo se debió la notificación de que –aun no habiendo aprobado el Congreso de este país los Pactos de Washington– los consideraba vigentes y por ende no reconocería a ningún gobierno surgido de una revolución.

Mr. Morales vio y nada dijo a su Gobierno sobre la metódica imposición electoral llevada a cabo por el Gobierno de López Gutiérrez; y sabiendo que este provocaba la revolución, nada le dijo sino que nos notificaba a nosotros, poniéndole así puntales al Ejecutivo de Honduras para que impunemente se alzara con los derechos del pueblo, después de haberlos conculcado y pisoteado uno por uno.

Mr. Morales supo la trama urdida para que el Congreso no hiciera la elección presidencial, y también se llamó a silencio; pero recibía con mucha frecuencia y durante largas horas al doctor Bonilla, sin perjuicio de sus visitas a la Casa Presidencial.

Cuando la dictadura llegó, con dolor de su alma, notificó la ruptura de relaciones, por no haberse llenado las condiciones que el Gobierno americano puso; pero eso no fue óbice para que esas relaciones las siguiera cultivando en lo particular.

Cuando –antes de la ruptura de relaciones– mandó comisionados a buscar al general Carías para ofrecerles tres Ministerios en la dictadura, sabía bien que solo quería un momento falso de Carías para llevarlo a la ratonera de Tegucigalpa; y Mr. Morales se calló.

Y para no alargar el capítulo de cargos, que algún día ampliaremos con documentos, diremos que tomada la Capital y triunfante la revolución, valiéndose del reconocimiento informal al Gobierno Provisional dado, alentó al exministro general Gregorio Ferrera, para que llevara a fin su ambición.

El llamaba al general Ferrera "mi hombre" y lo visitaba con frecuencia; y Ferrera lo visitó el día anterior a su traición pública, el 5 de agosto de 1924.

CAPÍTULO XXVI: ÚLTIMOS SUCESOS DE ENERO

Hemos de dar una explicación última para justiciar nuestra ausencia del Congreso, pues paso tan grave obedeció a móviles graves también.

Ya a la una de la tarde del 30 de enero, el doctor Bonilla sabía perfectamente que había triunfado su diabólico plan, y que para asumir la dictadura solo faltaban algunas horas. El arismo, siempre miope, se concretó a lanzar cargos al cariísmo, y solo ya tarde del día comprendió que el perdido era él también; y que la ruptura del Pacto celebrado con el general Carías era obra siniestra de su pertinaz adversario.

A las tres de la tarde, eran innumerables las escoltas militares que recorrían las dos ciudades de Tegucigalpa y Comayagüela; y esas escoltas obedecían una sola consigna, cuál era la de vigilar minuciosamente todos los pasos del cariísmo. El doctor Bonilla y su aliado, el presidente de la República, sabían que derrotado en vergonzosa lid, el Partido Nacional –inerme, pero consciente– no sería espectador pasivo de los sucesos que se avecinaban.

Era, pues, preciso procurar a todo trance que nadie saliera de la Capital; a los departamentos, las órdenes de captura para los miembros principales del cariísmo, se habían dado desde el 25, día en que establecieron la censura en el Telégrafo y en que ya no transmitieron los telegramas de los diputados cariístas. Dichosamente, muchos se salvaron, porque también nosotros vigilábamos al Gobierno, habiendo sabido desde el 22 que se daría la orden de capturas antes del 26, y nos apresuramos a avisar en claves convenidas que no infundieran sospechas.

Esas claves fueron convenidas porque teníamos la íntima convicción, no de que se desataría la revolución, sino de que el Gobierno haría un alarde de fuerza para violentar al Partido en el Congreso; y hubo prisiones, pero no tantas como hubieran querido. El que esto escribe salvó a muchos de Occidente con este mensaje, fecha 23:

"Viernes próximo mándole Química Langleber".

De modo que, sabiendo que la intención del presidente de la República de llegar a la dictadura era irrevocable, no teníamos que hacer en el Congreso, donde también sabíamos de cierto que nada se resolvería. Por eso rompimos el Congreso el 30, sin haber abandonado la ciudad.

El general Carías tampoco pensó en salir de la Capital, sino hasta después de las doce de la noche del 31, decretada la dictadura; pero las noticias sumamente alarmantes y fidedignas que salían de la Casa Presidencial sobre arrestos, y otros crímenes, lo obligaron a salir de Tegucigalpa el 30 a las seis y media de la tarde por la carretera de Olancho.

Alguien ha dicho maliciosamente que el coronel Raúl Toledo López, comandante de Armas de Tegucigalpa, había armado al general Carías y protegido su fuga; y nada más miserablemente falso.

Toledo López lo odiaba tanto o más que su tío, el presidente de la República, y la situación que perdía era de las que nunca vuelven. Además, si el general Carías hubiera salido con gente armada, el 1° de febrero los hubiera visitado, y habrían huido de Tegucigalpa porque les faltaba gente.

El general Carías salió solo con dos ayudantes y su entonces secretario, licenciado Antonio C. Rivera.

A las siete de la noche era público en Tegucigalpa que el general Carías había salido, y desde esa hora empezaron a salir sus partidarios por todos los rumbos, buscando la frontera de Nicaragua.

De los diputados únicamente salimos cinco: el doctor Luciano Milla Cisneros y don Luis Felipe Lardizábal, vía la carretera del Sur y en automóvil, con pasaporte adquirido días antes; el doctor Isidro Moncada, a pie, por el pueblo de Maraita; y el profesor Carlos Izaguirre V. y el que esto escribe, también a pie, por las faldas de El Picacho, hasta salir a la carretera de San Juancito.

El general Carías salió por Soroguara al Valle de Comayagua, y nosotros por el propio San Juancito y La Cofradía; pero en fuga, sin disparar un cartucho contra el aún Gobierno Constitucional. Adelante insertamos el documento que prueba que no fue sino hasta el 1° de febrero que iniciamos la revolución, y por consiguiente no habíamos violado el Art. 2° del Tratado General de Paz y Amistad firmado en Washington el 7 de febrero de 1923.

Solo la argucia del doctor Bonilla, la ignorancia de López G. y las tinterilladas de Mr. Morales, pudieron hacer creer tal al Departamento de Estado, para hacer odiosa la revolución y matarla si era preciso; pero de todos modos buscando apoyo para la soñada dictadura.

II

El autor ha sido testigo y actor en lo que relatado queda; en lo que se refiere a la reunión de los diputados el 31 de enero, relatará lo que consta en documentos y ha constatado después.

Como ya dijimos, el arismo se espantó de su obra al ver que le cariísmo no se cruzó de brazos ni se amedrentó ni buscó arreglos humillantes como él creyó; y fingiendo mucho interés en la constitucionalidad, se reunieron con su jefe en la Casa Presidencial para renovar su compromiso de elegir al doctor Paz Baraona, que ya estaba en la Capital.

A la reunión concurrió el Cuerpo Diplomático y el propio doctor Bonilla, y así fueron al Congreso, pero los demás diputados cariístas estaban escondidos, temerosos de las vías de hecho de un gobierno agonizante, y fue imposible hallarlos para que concurrieran.

En el Hotel Ambos Mundos hallaron primero al doctor Muñoz Cabañas, quien se negó a concurrir y buscó su escondrijo; poco después hallaron al perito mercantil don Salomón Bueso V. y manifestó que solo concurriría hecho pedazos.

Entonces recurrieron al diputado suplente Pérez Estrada, que hacía días tenían listo; y alegando el Art. 33 del Reglamento, pidió el arismo su admisión, pues faltaba un solo diputado para formar quórum; pero entonces menos que el bonillismo tolerara tal pretensión ya que entonces estaba segura la elección del doctor Arias por 19 votos de 28 concurrentes. Los diputados Guzmán M. y Rodríguez L. se opusieron a que la Mesa llamara a Pérez Estrada.

Antes, en la mañana del propio 31, el arismo dice que de acuerdo con algunos diputados policarpistas, quisieron elegir primer designado al doctor Salvador Corleto; pero en ambos intentonas, el bonillismo desintegró aún más el Congreso, dando una nueva prueba de que solo querían dictadura, para ver el modo de elegir al doctor Bonilla.

Como se ve, no había tal intención de elegir al doctor Paz Baraona, y lo prueba aún más que los tanteos que hemos expuesto, la presencia de algunos miembros del Cuerpo Diplomático; los hostiles al Partido Nacional fueron los únicos que concurrieron.

Para terminar, vamos a insertar el documento más cínico que registran los archivos de Honduras, y según el cual, el arismo había sido el cordero pascual. Aunque lleva fecha 1° de febrero, fue escrito el 31 de enero; la parte final de la declaración 10ª pinta al vivo la verdadera, única y eterna aspiración del doctor Arias y su bando de intransigentes.

– «Los diputados liberales justifican su actitud de lealtad a las instituciones en el Congreso de 1924 y denuncian ante el pueblo hondureño a los autores de la ruptura de la Constitución Política». –

«Los diputados liberales que suscriben creen cumplir un alto deber en estos momentos de peligro y de angustia para la República, haciendo las declaraciones siguientes:

«1ª. – A pesar de las maniobras políticas de que sus adversarios en el Congreso y fuera del Congreso, pretendieron hacerlos víctimas, para burlar la opinión pública, permanecieron firmes en sus puestos, decididos a que en una u otra forma quedara en pie la constitucionalidad».

«2ª. – Secundando al candidato de sus simpatías, doctor Juan Ángel Arias, cooperaron en todo lo humanamente posible, a una inteligencia ora con el partido policarpista, ora con el cariísta, a fin de evitar los acontecimientos deplorables que hoy están desarrollándose».

«3ª. – Frustrada toda plática de avenimiento con el partido policarpista por la intransigencia del candidato doctor Policarpo Bonilla, el 29 de enero de 1924, el doctor Juan Ángel Arias celebró conferencias con el General Tiburcio Carías en la Legación de Estados Unidos y en presencia del Excmo. Señor Ministro de aquel país en Honduras, Franklin E. Morales, previa declaración de este de su absoluta imparcialidad, a fin de procurar una transacción decorosa que poniendo a salvo los intereses de la Nación, auspiciara la concordia entre los distintos grupos políticos contendientes».

«4ª. – El doctor Arias y el general Carías convinieron en que sería electo por los grupos cariísta y arista del Congreso, firmando al efecto estos un pacto solidario, el doctor Miguel Paz Baraona, candidato a la Vicepresidencia en la fórmula del general Carías, para que ejerciera el poder durante el periodo de 1924 a 1928, comprometiéndose los candidatos Arias y Carías a renunciar sus derechos a la Presidencia. Este convenio fue comunicado por el doctor Juan Ángel Arias a los diputados liberales que suscriben y a pesar de comprender estos sus desventajas, lo aceptaron solo con el objeto de que la paz y la concordia nacionales se establecieran sobre bases más o menos sólidas».

«5ª. – Al siguiente día, 30 de enero de 1924, cuando el convenio iba a firmarse a las diez de la mañana, el general Carías –preparado de antemano para lanzarse a la revuelta– pretextando pequeños detalles, se negó a la conclusión de dicho arreglo, pretendiendo subordinar a sus ambiciones personales el partido del doctor Juan Ángel Arias, y dando por terminadas las pláticas. La tarde del mismo día salió de esta ciudad acompañado de varios de sus amigos, diputados y particulares en actitud revolucionaria, que se demuestra evidentemente, con el hecho de haber asaltado horas después algunos pueblos del Departamento de Tegucigalpa, para capturar las armas del Gobierno y dar principio sobre terreno firme a sus planes de revuelta».

«6ª. – La circunstancia de haber salido el general Carías de esta capital el 30 de enero, en actitud revolucionaria, constituye un golpe asestado a la Constitución, porque el Congreso, que era el llamado por ley a elegir las Autoridades Supremas, desde el momento en que este Alto Cuerpo había declarado no haber habido mayoría absoluta en las elecciones de octubre de 1923, fue desintegrado con la ausencia inmediata de los diputados cariístas, señores Audato Muñoz, vicepresidente de la Asamblea, Ramón Alcerro Castro y Gustavo A. Castañeda, secretario y prosecretario de la misma, respectivamente, Felipe Cálix, Luciano Milla Cisneros, Carlos Torres, Rafael Muñoz Cabañas, Horacio Fortín, Luis Felipe Lardizábal, Carlos Izaguirre V., Ignacio Durón Mena, Isidro Moncada, Daniel Rápalo Bográn, Pompilio Romero y Salomón Bueso V.»

«7ª. – El presidente del Congreso, don Ángel Sevilla, del 30 al 31 de enero en la tarde, citó reiteradas veces a varios de los diputados cariístas aludidos, para que concurrieran a las sesiones y que ellos se negaron sistemáticamente, haciendo terminar de hecho con esta negativa el orden constitucional».

«8ª. – Llevando a su último extremo los diputados liberales su propósito de conciliación, convinieron con algunos diputados policarpistas elegir el 31 de enero primer designado a la Presidencia de la República, al doctor Salvador Corleto, para que entrara el 1º de febrero. Y hay que hacer constar que en este convenio procedieron los diputados liberales contra sus convicciones jurídicos y aceptando las del doctor Don Policarpo Bonilla, quien ha sostenido que no se interrumpe el orden constitucional por el hecho de que sin hacerse las elecciones de Autoridades Supremas un designado se encargue del Poder Ejecutivo. El doctor Corleto ha sido uno de los más leales partidarios del doctor Policarpo Bonilla, y a pesar de ello, este maniobró subrepticiamente para que aquél no fuera electo designado, con lo cual se demuestra una vez más, que en tanto que los diputados liberales hemos deseado por todos los medios impedir la ruptura del orden legal, nuestros adversarios siempre nos han salido al paso para llevar el país a la catástrofe».

«9ª. – Como último recurso para elegir, el 31 en la tarde los diputados liberales solicitaron a la Mesa la aplicación del Artículo 33 del Reglamento Interior del Congreso, que establece que deben ser llamados los diputados propietarios y suplentes incorporados cuando haya ocurrido empate en los actos electivos del mismo Alto Cuerpo; y siendo el caso de ponerlo en vigor, desde luego que el empate se había producido en la votación para Autoridades Supremas, los diputados policarpistas Ramón Guzmán M. y Tiburcio Rodríguez L. se opusieron terminantemente a que el artículo reglamentario dicho fuera cumplido, por la circunstancia de que el diputado a quien se llamaría para integrar el *quorum*, sería el suplente liberal por el Departamento de Cortés, Héctor Pérez Estrada, y pretextando en secreto, bajo la influencia del doctor Bonilla, que de celebrarse la sesión, sería electo presidente del doctor Juan Ángel Arias».

«10ª. – Al tenor de estos hechos es incontrovertible que los diputados cariístas y los policarpistas en parte, se han conjurado contra los intereses de Honduras y han dado lugar a la situación de hecho en que ahora nos encontramos; y que toda esta conjura ha tenido por principal móvil impedir la elección constitucional del doctor Juan Ángel Arias, cuyo derecho a ser electo presidente de la República es cuestionable de acuerdo con la Constitución Política y con declaraciones expresas de la Asamblea Nacional, derecho que queda en pie y será alegado en su oportunidad».

«11ª. – Queremos que conste que los diputados liberales hemos permanecido en el recinto del Congreso hasta las nueve de la noche del 31 de enero, esperando la concurrencia de nuestros colegas de los demás bandos, a fin de solucionar, en cualquier forma, el problema electoral, y que en tal virtud la responsabilidad de los acontecimientos que empiezan a desenvolverse corresponde, por entero, a los citados representantes transgresores y a sus candidatos general Tiburcio Carías y doctor Policarpo Bonilla, bajo cuyo consejo han procedido a malograr las aspiraciones del pueblo hondureño».

«12ª. – En una de las sesiones últimas del Congreso uno de los representantes declaró enfáticamente "que los diputados que se opusieran a la elección de Autoridades Supremas serían marcados con el epíteto de traidores a la República y cavarían con sus propias manos la fosa en que sería sepultado el cadáver de la Patria". Los diputados liberales quieren que sepa el pueblo hondureño y sepan los países hermanos quiénes son los representantes que desde hoy tienen sobre su conciencia ese anatema».

«13ª. – Hacemos constar además, que a la sesión de la tarde del 31 de enero, que no pudo verificarse, concurrieron al recinto del Congreso para presenciar la elección, los señores representantes diplomáticos de los Estados Unidos de Norteamérica, de Inglaterra, de México, de Guatemala y de El Salvador, y que ellos fueron testigos oculares de que los diputados liberales esperamos en vano a los cariístas y a algunos policarpistas para proceder a dicha elección».

«14ª. – Depositamos originales de este documento en las Legaciones acreditadas en el país, para que las naciones que representan tengan conocimiento cabal de lo ocurrido; y en el Archivo del Congreso para nuestra historia».

«Tegucigalpa, Salón de Sesiones del Congreso Nacional, 1° de febrero de 1924».

Firman todos los diputados aristas, cuya nómina dimos en la página 14, a excepción del Lic. José B. Henríquez, el único que tuvo pudor de firmar tamaña retahíla de falsedades; el único que sabía cuáles eran los pecados el arismo; el único que con su firma no quiso falsear el verdadero proceso de aquellos días de triste recordación.

Nosotros nos abstenemos de comentarlo, porque dicha queda la verdad; y hasta con escritos posteriores de uno de los suscritos, se prueba que fue suscrito falseando la verdad y con el único propósito de congraciar la ya aceptada dictadura, que tan fielmente sirvieron.

General Vicente Tosta: un brillante estratega militar. Después de la revolución del 24 fue nombrado presidente provisional.

CAPÍTULO XXVII: RECAPITULACIÓN

Queda establecido, más o menos plenamente, en las páginas que preceden, lo siguiente:

I. – Qué el círculo oligárquico del expresidente López G. no pensó nunca en la sucesión presidencial sino para burlar la voluntad del pueblo, quedándose en el poder cualquiera de sus miembros
II. – Que hipócritamente el general López G. prometió libertad electoral, sobre la cual se echó siempre.
III. – Que inmediatamente de practicadas las elecciones en octubre de 1923, trató de todos modos seguir amedrentando al pueblo con medidas de fuerza.
IV. – Que también después de las elecciones preguntó a comandantes de Armas y gobernadores políticos si lo apoyarían y estarían con él en la dictadura; y que removió a todos aquellos cuya respuesta ano le satisfizo.
V. – Que trató de impedir que llegaran a Tegucigalpa varios diputados cariístas.
VI. – Que en la connivencia con el doctor Bonilla puso todo empeño en que el Congreso no hiciera la elección de Autoridades Supremas.
VII. – Que el policarpismo fue el autor y auspiciador de la dictadura decretada el 1° de febrero de 1924.
VIII. – Que el arismo, con su sectarismo de bandería y con su odio al cariísmo, ayudó inconsciente pero eficazmente a que surgiera la dictadura.
IX. – Que el ministro americano, Mr. Franklin E. Morales, se valió de su alto cargo para inmiscuirse en nuestros asuntos como un partidario cualquiera.
X. – Que el Partido Nacional fue víctima de la imposición electoral primero, de la coacción parlamentaria después, y de la calumnia, la difamación y las persecuciones siempre, desde que fue mal vencido en 1919.
XI. – Que el Partido Nacional sufrió todo sin recurrir a la violencia; y que solo fue a la revolución cuando no le quedó otro medio de hacer valer sus derechos.

XII. – Que hechos nugatorios los esfuerzos de un entendido entre los tres candidatos, el general Carías propuso al doctor Bonilla la elección de designados de ambos bandos.

XIII. – Que el general Carías aceptó pactar con el doctor Arias en condiciones que este era el vencedor y aquél el vencido, para evitar la alteración de la paz.

XIV. – Que el doctor Arias, por orgullo o vanidad mal entendidos, rompió el pacto convenido el 29 de enero, por su malévola proposición de ser electo presidente para hacer viable la vicepresidencia del doctor Paz Baraona.

XV. – Que todavía el 31 de enero, el doctor Arias intentó su elección, menospreciando como siempre los intereses de la Patria.

XVI. – Que el general Carías fue violentado por las intenciones del Ejecutivo, a salir de Tegucigalpa el 30 de enero.

XVII. – Que eso obligó a su partido a buscar el camino de las reivindicaciones.

XVIII. – Que no fueron los diputados cariístas los que de derecho rompieron el orden constitucional, sino la situación de hecho a que se había llegado por las intrigas del doctor Bonilla, la poca visión del doctor Arias, los deseos de la camarilla del Poder y las maquinaciones del Poder Ejecutivo.

XIX. – Que si los diputados cariístas asisten a las sesiones del 30 y 31 de enero, no habrían salido de la Cámara sino para el Cementerio o para la Penitenciaría.

XX. – Que el general Carías fue el único candidato dispuesto a cualquier solución decorosa.

XXI. – Que los traidores a la República no fueron los diputados cariístas.

Palabras necesarias

No entra en nuestro propósito narrar los hechos revolucionarios, pero se han divulgado tantas especies falsas, que es menester cuatro palabras más.

Dijimos ya que en el Congreso no hubiera habido elección aunque el cariísmo hubiese permanecido en el Salón de Sesiones hasta expirar el periodo constitucional. Estaba decidido romper el orden legal, desde mucho antes de que el Congreso se reuniera, y esto no fue más que una farsa del Gobierno para desacreditar al Partido Nacional y hacer buen ambiente a la dictadura; y si era posible, conseguir a la fuerza la elección de Bonilla o de Arias, aunque los bonos de este último no se cotizaron muy alto si no después de ocho días de dictadura.

La revolución fue impuesta por el mismo Gobierno, y no contaba con nada; pero el pueblo en masa se lanzó a ella y poco a poco quitando de mil medios las armas a ese mismo Gobierno, fue adquiriendo pujanza. Si el Partido Nacional hubiera querido la revolución, se hubiera lanzado a ella después de las elecciones, pues estaba justificada.

El general López G. no esperó en 1919 las elecciones porque era el candidato de menos aura y habría fracasado; él y los suyos se lanzaron a la revuelta seis meses antes de la conclusión del periodo y tres antes de las elecciones. El Partido Nacional venció en las elecciones, le escamotearon el triunfo y no fue a los cerros sino al Congreso a alegar sus derechos pisoteados, y solo cuando no quedaba medio posible de conservar la armonía social, fue a la protesta armada.

Y cuando salimos a los riscos solo faltaban *veintinueve y media horas* para vencer el periodo presidencial, pero fue le 1° de febrero –decretada ya la dictadura– cuando se dispararon los primeros tiros.

Se ha hablado de traiciones, y no las ha habido, pues la prueba mejor, el mentís más elocuente, es el de los reñidos combates habidos donde el Gobierno creyó aniquilar a la revolución. Y si esta duró tanto, no fue porque fuera fuerte el Gobierno de la dictadura, sino porque a la revolución le faltaban armas y municiones.

Cuando estas llegaron, la dictadura se deshizo como pompa de jabón, no resistió catorce horas de combate en la Capital, donde sus ejércitos estaban encerrados desde el 9 de marzo.

Vencimos porque la opinión pública estaba con nosotros, porque nos asistía la justicia, porque el pueblo hondureño no ha soportado nunca el ultraje de sus derechos.

Dijimos que el doctor Bonilla fue el autor de la dictadura, pero la aprovechó el arismo. Los partidarios de primero fueron a la revolución, pero con otra divisa, con otras miras, que tendían siempre a la exclusión política del Partido Nacional; y fueron ellos los que fraguaron la contrarrevolución y los que después acuerparon la traición.

Se ha dicho que también nosotros ejercimos la dictadura, y es verdad, pero una dictadura blanca, más apegada y esclava de las leyes que el Gobierno Constitucional de López G. No podíamos sino mediante el procedimiento legal, volver al régimen constitucional roto por los *colorados*; y ello se verificó dentro de los términos perentorios del Pacto de Amapala.

El 6 de agosto la República entró a la vida legal.

El arismo ha dicho que nos combatió en defensa de la civilización y de la intangibilidad del territorio nacional; de lo primero hablan elocuentemente los saqueos de Santos Soto, de Sierke, etcétera, y el incendio de la Dirección General de Correos y del Mercado de Comayagüela, sin perjuicio de vejaciones personales al doctor Paz Baraona, al licenciado Felipe Cálix, etcétera.

En cuanto a lo segundo, relataremos este hecho. Todo el mundo sabe que hay entre Honduras y Guatemala una disputa territorial, que se ha querido ventilar en Washington y que se ha demorado porque Guatemala elude el arbitraje. Pues bien, en la Legación de Honduras en Washington hay muchos baúles llenos de documentos que respaldan nuestros derechos territoriales.

Eran ministro y secretario de la Legación en la capital americana, los señores Salvador Córdova y Augusto C. Coello, respectivamente; y cuando estos renunciaron para no servir a la dictadura, López G. les ordenó entregar los archivos a la Legación Guatemalteca.

Juzgue cada uno el hecho y haga sus comentarios. Dichosamente Córdova y Coello no obedecieron esa orden y depositaron esos documentos en un banco para ser entregados *únicamente* al Gobierno Constitucional que en Honduras sustituyera a la dictadura.

¡Loor a esos dos patriotas!

Para terminar, diremos que así como el doctor Bonilla fue terco en llegar a la dictadura, así el arismo se empecinó en salir de ella, aun reducido en Tegucigalpa; y llegó jactancioso a creer que la revolución estaba vencida porque aceptó ir al Milwaukee con delegados del Consejo de Ministros a hablar de paz, sin tomar en cuenta la presión extraña que tuvimos que aceptar y la cual *no fue pedida por nosotros*.

Van al final comprobantes –pocos entre los muchos que tenemos– de lo que afirmamos en algunas líneas atrás.

*Santa Rosa de Copán,
18 de mayo a 6 de junio
1925*

ORDEN GENERAL
del Mando en Jefe del Ejército Constitucionalista de Honduras, representado por el Partido Nacional, para hoy día primero de febrero de mil novecientos veinticuatro, en Morocelí, depto de El Paraíso

---

En virtud de no conocerse la resolución definitiva del Congreso Nacional, en relación con el problema pendiente en lo que toca a Autoridades Supremas, pues hasta el día de ayer, que terminó el periodo presidencial del señor general don Rafael López Gutiérrez, el pueblo hondureño no se dio cuenta del sucesor legal, y considerando: que el setenta y cinco por ciento del electorado favoreció con sus votos al doctor y general don Tiburcio Carías Andino, para presidente, y al doctor Miguel Paz Baraona, para vicepresidente, a pesar de la imposición brutal y descarada por parte del Ejecutivo en favor de ellos, candidatos don Policarpo Bonilla y don Juan Ángel Arias, patrocinados por el bando *colorado*, que se hace llamar liberal, y que en la administración del general López Gutiérrez ha llevado al país a las mayores vergüenzas y al descrédito general. – RESOLVEMOS: 1°. – Reconocer como presidente y vicepresidente de la República, respectivamente, a los señores doctor y general Tiburcio Carías A. y doctor don Miguel Paz Barahona, para el periodo constitucional de 1923 a 1928, a quienes declaramos –como intérpretes del pueblo hondureño, que está dispuesto a ratificar y sellar con su voluntad espontánea, manifestada en los comicios– los únicos representantes de los caros intereses de la Patria; y 2°. – Prestar a dichos distinguidos ciudadanos toda subordinación y respeto. – Comuníquese, léase y cúmplase. – Raf. Valenzuela Fonseca. – J. Bernardo Bardales. – Ángel Acosta Aguilar. – Manuel S. Salgado. – Joaquín Burgos. – Manuel de J. Callejas. – Leónidas Alemán. – Horacio Díaz. – J. Esteban Callejas. – Alfredo R. Zepeda. – Santiago Ghenizzoti. – Juan Ángel House. – Humberto Chévez Padilla. – Alfredo Zepeda Ferrary. – Marcos Coello. – Lino Pavón. – Hipólito Pavón. – Raymundo Henríquez. – Santos P. Hernández. – Nicolás Méndez. – Dionisio Moncada. – Alejandro Mejía. – Héctor Medina Rosales. – Miguel A. Carías. – Miguel Rafael Garay. – Vicente Pavón. – Miguel E. Lozano. – Jorge J. Smart. – Julio Solórzano. – Pedro Solórzano. – José Antonio Estrada. – Luis Magín. – Constantino Soto Midence. – Pablo Valeriano. – Agustín Murillo. – Lisandro Uclés. – Jorge Medina. – Matilde Díaz. – Ventura Martínez. – Juan Zapata. – Constantino Medina. – Jacobo Zavala. – Eugenio Contreras. – Diego Oseguera. – Santos Muñoz. – Ramiro Sosa. – Miguel Cerrato. – Camilo Rodríguez. – Manuel Medina. – Eulogio Medina. – Juan Pino. – Inés Elvir. – Andrés Elvir. – Miguel Tercero. – Ramón Soto G. – Santos Andino. – Miguel Varela. – Carlos Calderón. – Cruz Henríquez. – Antonio Henríquez. – Ramón Henríquez. – Pedro López. – Eduardo Padilla. – Alfonso Rodríguez. – Antonio Siliézar. – Mariano Barahona. – Antonio Cruz. – Juan Soto. – Cipriano Salgado. – Bernardo Salgado. – Benito Hernández. – Dionisio Rodríguez. – Isaac Rodríguez. – Diputado Carlos Izaguirre V. – Diputado G. A. Castañeda S. – El secretario, Alberto Pérez Estrada.

Telegrama
Las Manos, 10 a.m., 3 de febrero de 1924.

Cámara de Diputados. – Guatemala, San Salvador, Managua, San José Costa Rica.

Los suscritos, como diputados al Congreso Nacional de Honduras, llegan por su medio a protestar ante el mundo civilizado por los actos violatorios a las instituciones del país, cometidos por el régimen despótico que impera en él.

Los ciudadanos, doctores Tiburcio Carías A. y Miguel Paz Baraona fueron favorecidos por los votos del pueblo hondureño, para ocupar los altos puestos de presidente y vicepresidente de la República; pero el gobierno arbitrario de López Gutiérrez y su camarilla nepótica, impidiendo la libertad del sufragio, quitaron a los nominados la mayoría absoluta numérica, en fuerza de una imposición feroz. En ese caso, de conformidad con la Constitución Política, el Congreso debía hacer la elección presidencial, fin siniestro perseguido por el Gobierno para burlar la voluntad soberana, porque entre sus protegidos, los candidatos Arias y Bonilla, tenían mayoría en él.

Los diputados cariístas sostuvimos en la Cámara la mayoría absoluta y presentamos el recurso de nulidad parcial de algunos municipios en que el fraude electoral fue más escandaloso.

Desechado el recurso ilegalmente, burlando las aspiraciones nacionales una vez más y después de todo intento de arreglo legal u honorable, el bloque nacionalista de la Cámara rompió el quorum, y algunos hemos venido a la revolución; extremos a que nos obligaron las maniobras del Gobierno para llegar a la dictadura, que hoy impera.

Declinamos sobre los que la auspiciaron todas las responsabilidades de las consecuencias.

G. A. CASTAÑEDA S.

CARLOS IZAGUIRRE V.   RAF. VALENZUELA
                                FONSECA.

Reconocimiento

En Las Manos, Departamento de El Paraíso, a cinco de febrero de mil novecientos veinticuatro.

El Consejo de Jefes del Ejército Constitucionalista, al mando de tres mil soldados acampados en la frontera, habiendo recibido noticias fidedignas de que en Tegucigalpa se llevan a cabo negociaciones para convenir en la persona que deba asumir la Presidencia de la República; considerando: que al asumir el mando dictatorial el 1° de febrero el general Rafael López Gutiérrez la Constitución de Honduras quedó rota de hecho, y en consecuencia cualquier Gobierno que surja de dichos pactos se organizará fuera de la ley; considerando:

que de acuerdo con la Constitución el general Carías fue electo por la voluntad del pueblo en las elecciones de octubre, y que por lo mismo el general Carías es el presidente de Honduras, –POR TANTO: el Consejo de Jefes y Oficiales del Ejército Constitucionalista de Oriente, –RESUELVE: 1°. Reconocer como presidente constitucional de Honduras al doctor y general Tiburcio Carías A.– 2°. Protestar contra todas las negociaciones ilegales que violando el principio de la Soberanía Popular se están llevando a cabo en Tegucigalpa en contra del texto expreso de la Constitución, que es el único pacto que rige la organización y derechos políticos del pueblo hondureño. – 3°. Jurar el mantenimiento de la Constitución que ha pretendido abrogar el Gral. López Gutiérrez. – 4°. Comunicar esta resolución a las Cancillerías Americana, Guatemalteca, Salvadoreña, Nicaragüense y Costarricense, por medio de sus respectivos representantes en Tegucigalpa. – 5°. Trascribir el texto de esta resolución al presidente, general Carías – (ff). G. A. Castañeda S. – Carlos Izaguirre V. – Isidro Moncada, diputados propietarios. – Dr. Rafael Callejas. – Gral. Juan Blas Pagoaga. – Dr. Manuel Valladares Núñez. – Dr. Ramón Rosa Figueroa. – Gral. Pío S. Fálope. – Gral. Juan P. Urrutia. – Coronel Rafael Valenzuela Fonseca. – Coronel J. Bernardo Bardales. – Coronel Ángel Acosta Aguilar. – Coroneles Manuel S. Salgado. – Joaquín Burgos. – Alberto Pérez Estrada. – Manuel de J. Callejas. – Horacio Díaz. – J. Esteban Callejas. – Francisco del Cid. – Modesto Ramírez V. – Arcadio Molina. – Raimundo Valladares. – Pablo R. Moncada. – Emeterio Rivera. – Leonardo Ulloa. – Pedro Blandón M. – Basilio Sauceda F. – J. Inocente Triminio. – Camilo R. Reina. – Gonzalo Córdova. – Enrique López Pineda. – Ramón Mondragón. – Francisco Huiza. – Miguel Fonseca. – César Recinos. – Alejandro Alballero. – Dositeo Borjas. – Salvador Uclés R. – José María Elvir. – Tenientes–Coroneles Santos T. Hernández. – Dionisio Moncada G. – Pablo Moncada G. – Filadelfo Córdova. – Juan Manuel Sibaja. – Rafael Álvarez. – Domingo Almendares.

****

Constitución Política

Art. 4. – Todo poder público emana del pueblo. Los funcionarios del Estado no tienen más facultades que los que expresamente les da la ley. Todo ato que ejecuten fuera de la ley es nulo.

Art. 40. – El derecho de defensa es inviolable.

Art. 72. – La enumeración de derechos y garantías que hace esta Constitución, no excluye otros derechos y garantías no enumerados, pero que nacen del principio de la soberanía del pueblo y de la forma republicana de gobierno.

Art. 73. – Las leyes que reglamenten el ejercicio de estas garantías serán ineficaces en cuanto las disminuyan, restrinjan o adulteren.

Art. 77. – Ninguno de los Poderes constituidos podrá ejecutar actos en que se altere la forma de Gobierno establecida o se menoscabe la integridad del territorio o la soberanía nacional.

Art. 87. – Los diputados, desde el día de su elección, gozarán de las siguientes prerrogativas.

5ª. No ser responsables por sus opiniones o iniciativa parlamentaria.

Art. 90. – Corresponden al Congreso las atribuciones siguientes:

10. En caso de no haber mayoría absoluta, hacer la elección de presidente, vicepresidente y magistrados, entre los tres ciudadanos que hubieran obtenido para cada cargo mayor número de sufragios populares.

Art. 156. – Todo empleado o funcionario público, al tomar posesión de su destino, hará la promesa siguiente: «Prometo ser fiel a la República, cumplir y hacer cumplir la Constitución y las leyes».

Art. 167. – La Asamblea Nacional Constituyente confía el depósito de esta Constitución, y de los derechos que ella consagra, al patriotismo de todos los hondureños.

Reglamento Interior del Congreso Nacional

Art. 8. – En esta última sesión (31 de diciembre), el presidente nombrará una Comisión, ante la cual los representantes presentarán para su examen sus credenciales; y, aprobadas, el presidente prestará la promesa constitucional ante la Cámara, y los demás diputados la prestarán ante el presidente.

Art. 9. – Si las credenciales carecieran de autenticidad, en el ato se mandarán legalizar, permaneciendo, mientras tanto, en el asiento del Congreso los electos, con goce de sus dietas; pero si las credenciales contuvieran nulidad esencial en orden de elección, se mandará reponer esta, debiendo, en consecuencia, retirarse los candidatos.

Art. 17. – Cuando el Congreso lo crea conveniente para la resolución de algún asunto importante y de urgencia, podrá declararse en sesión permanente, a moción de cualquier diputado, acompañada de una exposición de motivos y con acuerdo de los dos tercios de votos; en cuyo caso, durará la sesión hasta terminar el asunto que la motive.

Art. 33. – Si en la votación resultare empate, se continuará la discusión; y si al votarse de nuevo no desapareciere aquél, se aplazará el negocio para la sesión inmediata.

A esto se citará a todos los representantes propietarios y suplentes que se hallen en el asiento del Congreso y estén incorporados; pero en ningún caso excederá el número de diputados de un departamento al que establece la ley. Si aun así se repitiere el empate, se aplazará para otra sesión, en la cual, repetido, se desechará la proposición, salvo el caso de que se trate de actos electivos, debiendo entonces recurrirse al sorteo, el mismo día en que tuviere lugar el empate, entre los candidatos que hayan obtenido mayor número de votos.

Art. 53. – En los primeros quince días del mes de enero de cada año, el Congreso elegirá los tres designados que sustituirán al presidente de la República en los casos prescritos por la Constitución, y les recibirá la promesa el 1° de febrero.

COPIA

Comandante de Armas. – La Ceiba. – Entendido de lo de Nicaragua. Se han tomado ya las medidas del caso y espero se servirá comunicarme cuantas noticias obtenga en orden a los individuos que menciona su cifrado de ayer y a los demás no mencionados en él. Se servirá usted con esmero averiguar lo que hay allá. Hay que tener pruebas de cualquier propósito de movimiento sedicioso; se servirá usted capturarlos y dar cuenta *para decirle lo que hay que hacer con ellos*. Active en la vigilancia. Le mando de nuevo las 25 espoletas, pues las que dice Estrada haberse olvidado no se encuentran. Ya ordeno a San Pedro la remitan los rifles y el parque. – *D. Gutiérrez*.

José Ángel Zúñiga Huete. – (De La Ceiba). – No es con papelitos como se llega al poder. Es a balazos. Cuente con amigos. – *Rafael Zelaya Fonseca*.

El Corpus. – Dres. P. Bonilla y Juan A. Arias. – Tegucigalpa. – Momentos supremos universo tiembla. Unidos Uds. salvarán desastre del partido liberal. – *T. Santelí*.

Comandante de Armas. – Choluteca, (10 de abril 1923). – Sírvase vigilar activamente a los enemigos de esa que indispensablemente se muevan del lugar donde residen y detenerlos en caso sea necesario. – *R. López G.*

Danlí, diciembre 1923. – Comandante de Armas. – El Paraíso. – Proceda con la vigilancia del caso. En estos momentos salió oficial Fiallos sobre Santa María y El Salto, donde se ven pasar grupos enemigos. *Reviéntelos a balazos si no se dejan capturar*. Deme cuenta. – *Alejandro Gómez Carías*.

Comandante de Gracias. (Dicbre. 21 de 1923). – Los Cónsules no gozan de ninguna inmunidad y *si la tuvieran la perderían* por el hecho mismo de ser agentes de los trastornadores del orden público. En consecuencia, debe Ud. someter a proceso al coronel Daniel López. – *D. Gutiérrez*.

Comandante de La Esperanza. – Es muy importante que Ud. se apodere del equipaje de los señores Lara y Baide, aprehenda esos papeles y los remite con las seguridades debidas a esta oficina. – *D. Gutiérrez*.

CIRCULAR

Comandantes de Armas de la República. – Aun cuando considero que las medidas preventivas declaradas por el ministro han hecho abortar el plan revolucionario que dio por origen el estado de sitio; en previsión de que en lo sucesivo quedemos incomunicados por la destrucción de las líneas telegráficas, lo autorizo desde ahora para que proceda de acuerdo con lo que las circunstancias exigen para el mantenimiento del orden y seguridad del país. Entre las disposiciones que Ud. podrá dictar, queda incluida la de obtener dinero en calidad de empréstito, el cual exigirá de *preferencia a los enemigos reconocidos del gobierno*. Acuse recibo. – R. López G.

Puerto Cortés, Dicbre. 20 de 1923. [Urgente]. – Un pasajero desembarcó de Puerto Barrios empleado de su cuartel y dice hay allá como 400 emigrados hondureños entre ellos el general María y que enemigo [1] Antonio Monterroso vigílalos. En una carta de la misma procedencia expresa tiene conocimiento en aquel lugar, habría aquí próximamente tempestad revolucionaria. Se lo comunico. disponga lo conveniente. – *B. Alegría.*

Comandante de Santa Bárbara. – Dic. 20 de 1923. – En estos momentos recibo mensaje cifrado del comandante de San Pedro y dice que hoy manda a recibir al ex mayor de Plaza Martínez, y le he contestado que para evitar confusiones en cuanto a la competencia se entienda con Ud. y con el *enemigo* de Puerto Cortés, y esta excitativa hago a Ud.; pero si el señor Reina, mandó por él, entréguelo para obviar dificultades y dé cuenta al señor Alegría para que él lo pida al coronel Reina. En orden al coronel Guillermo Mazier, sírvase Ud. cumplir las instrucciones que *le tengo comunicadas para todos los demás comprometidos*. Para mientras se nombra nuevamente el mayor de Plaza continuará funcionando el que actualmente la desempeña de modo interino. – *D. Gutiérrez.*

Comandante de Armas. – Ceiba. – Debe Ud. tener certeza que con el *enemigo* de Progreso en donde hay que capturar a Arístides Osejo, Enrique Peña, Antonio Bográn en la población; y en Cabeza de Vaca Ciriaco Mejía y Aurelio Villeda; por lo demás ya procedo de acuerdo

---

[1] Enemigo significa Comandante de Armas

con el jefe expedicionario a cumplir sus instrucciones. – *Juan B. Mendoza.*

Comandante de Ceiba. – Dígale *enemigo* Tela mande él capturar personas indíqueme como medio más breve y eficaz de acuerdo con *enemigo* Progreso. – *Juan Lara.*

Comandante de Armas. – Omoa. – Supongo tendrá capturado también a Mazier, a quien sin embargo del proceso que le instruirá mantendrá con las seguridades del caso. – *D. Gutiérrez.*

Comandante de Ceiba. – Queda Ud. autorizado para mandar a Omoa a los reos políticos de que me habla *y los más que de esta clase capture*. – *D. Gutiérrez.*

Comandante de Yuscarán. – Con la declaración de César Cáceres Flores y con las facultades que di a Ud. debe capturarlos inmediatamente, igualmente que a los demás contra quienes haya aquella sospecha, remitiéndolos a estas cárceles, si esas no prestan seguridad. Espero que Ud. cumpla en un todo las órdenes que se han dado respecto a los trastornadores del orden y que use la clave para las comunicaciones con el señor presidente y esta oficina. – *D. Gutiérrez.*

Comandante de Juticalpa. – Para la captura de los individuos Gregorio Zelaya y Mónico Moncada sírvase Ud. ordenar que los resguardos de los comandantes de Distrito y Cantonales inmediatos a Salamá, con los de los inspectores de absoluta confianza vayan inmediatamente a cumplir la orden. Espero que en lo sucesivo no volverá a comunicarme estos asuntos sino en clave. – *D. Gutiérrez.*

Comandante de Santa Bárbara. – Inmediatamente de ser requerido Ud. por el *enemigo* de San Pedro Sula, bajo su estricta responsabilidad entregará al ex mayor Pilar Martínez al jefe que aquel funcionario le designe; entendido de que si Ud. no cumple esta orden se le harán las respectivas responsabilidades del caso. – *D. Gutiérrez.*

Comandante de Yoro. – Sírvase ordenar la captura de Gregorio Zelaya que encuéntrase en Olanchito. – *D. Gutiérrez.*

Comandante de Armas. – La Ceiba. – Sírvase informarme si el *enemigo* Tela cumplió la orden que se le dio respecto a la captura de los individuos Emilio Amador y Rafael Euceda. – *D. Gutiérrez.*

Comandante de Puerto Cortés. – Confío en que los individuos de que me habla en su cifrado del 16 estarán ya capturados y por lo que hace a otros que están en otros departamentos se dirigirá a los comandantes respectivos. – *D. Gutiérrez*.

Comandante de Santa Bárbara (Enero 17, 1924). – Trascríbole: «Santa Bárbara, 17, 1924. – Comunícame el telegrafista de El Oro que un Rafael Espinoza le da noticias que en un lugar llamado «Espíritu» hay un grupo de hombres armados al mando del coronel Fernando Díaz Zelaya. H. Rodríguez». El señor Díaz Zelaya a que alude el telegrama no es el de esta ciudad, sino alguno otro que lleva ese mismo nombre y apellido que los ha tomado para ocultarse, pero en todo caso sírvase mandar averiguar la verdad del hecho, avisándome. – *D. Gutiérrez*.

Tegucigalpa, enero 1924. – Esteban Sosa. – Olanchito. – No se preocupe. El poder no saldrá de los liberales. Oportunamente informaré. Salúdale su Afmo. amigo. – *J. Oquelí Hernández*.

Comandante de Nacaome. – Apruebo la orden de prisión que Ud. ha expedido contra Tiburcio Alvarado, procéselo por sedición o por cualquier otro de los delitos militares a que sus actos den lugar. – *D. Gutiérrez*.

Comandante de Trujillo y Omoa. – Queda Ud. autorizado para dictar las medidas que las circunstancias exijan. – *D. Gutiérrez*.

Comandante de Ceiba, Nov. 24 de 1923. – Para que Ud. dicte las medidas y órdenes correspondientes, trascribor: «Omoa, noviembre 24 de 1923. – M. de Guerra. – Tegucigalpa. – Indique gobierno que cariístas preparan movimiento revolucionario que tiene su asiento en La Ceiba, siendo sus jefes Jacobo Munguía y Mazier». Afmo. – *D. Gutiérrez*.

Gobernador Político. – Ceiba. – Diciembre. – En contestación a su cifrado del 11 manifiesto a Ud. que si juzga conveniente puede remitir directamente a Omoa a los individuos que menciona. – *A. Zúñiga Huete*.

Comandante de Trujillo (Urgente). – Sírvase capturar y remitir con las seguridades debidas a la orden del comandante de Armas de San pedro a Nicolás Bravo quien se encuentra en esa jurisdicción; su captura irremisiblemente es urgente. – *D. Gutiérrez*.

Gobernador de Yuscarán. – Acuso recibo de su cifrado de hoy. Vigile a los ingenieros Mendieta y Salvado. – *Ángel Zúñiga Huete*.

Comandante de San Pedro. – Ya le mando los rifles que me pide y ordene al comandante de Trujillo que remita asegurad a Nicolás Bravo. – *D. Gutiérrez.*

Yoro, Dic. 17 de 1923. – Ministro de Guerra. – En alarma nos provocaron inspectores cariístas. Anoche se veía claramente predisposición. Este pueblo esencialmente cariísta y puede lanzarse contra autoridades. Nos dijeron aquí y en el pueblo que pronto se levantarían como un solo hombre. Hay excitación de ánimos y para repeler cualquier agresión contamos con poquísimas armas y cartuchos, pero así sabremos cumplir con nuestro deber hasta morir. Afmo. – *Juan Lara.*

Omoa, Dic. 17 de 1923. – Ministro de Guerra. – Entendido de su telegrama cifrado de hoy. Tengo en el Castillo de Omoa a José Mazier con otros individuos por saber el gobierno que trataban de alterar el orden. Afmo. – *M. R. Aguilar O.*

Comandante y gobernador de San Pedro. – Salió para esa Emeterio Rivera llevando correspondencia sospechosa. Se lo recomiendo para lo que juzgue conveniente. – *A. Zúñiga Huete.*

Horacio Aguirre Muñoz, Guatemala. – Situación favor nuestro ilustre candidato doctor Arias, magnifica. Pronto tendremos placer comunicarle muy grata noticia. *Siempre dominando en Congreso Nacional.* Le saluda su amigo. – *M. Corea Bueso.*

Comandante de Armas de la Costa Norte. – Al llegar a ese lugar el coronel Federico Ordóñez, sírvase capturarlo, registrarle su equipaje y abrirle la correspondencia que lleve comunicándome su contenido. – *R. López G.*

General D. Gutiérrez. – Ocotepeque, 17. – Arismo de este departamento pacífico. Cariísmo exaltado, grita, revoluciona. Afmo. – *J. D. Gómez. – I. Pinto.*

Gobernador Político. – Gracias. – Agradeceré que el gobierno informarse con el señor administrador de Rentas, Mariano Luna, que hay de cierto en la salida de armas y pertrechos de esa ciudad y Santa Rosa de Copán, encontrándose las de este último lugar en poder de un señor Vicente Ayala. – *A. Zúñiga Huete.*

Comandante de Armas. – Yoro. – Entiéndase con el general Ceferino Delgado para que de acuerdo con Ud. y con el *enemigo*

Trujillo, puedan dictar las medidas para mantener el orden público. – *D. Gutiérrez.*

Comandante de Tela. – No olvide al remitirle a los individuos capturados indicar al otro de Omoa que le ha decomisado un Winchester y dos pistolas con el número de parque que hayan tenido; armas con las que hicieron fuego. – *D. Gutiérrez.*

Comandante de Puerto Cortés. – Sin embargo de remitir correspondencia capturada continúe el proceso que instruye a Rivera y compañeros. También haga constar el hecho de haber encontrado bombas de incendio. – *D. Gutiérrez.*

Comandante de Armas. – Juticalpa. – Dic. 17 de 1923. – Al recibir el presente sírvase capturar en esa a los individuos siguientes: Felipe Cálix, José María Navas, Pompilio Aguiluz, Alberto Bu Castellón, José Manuel Zelaya y a Juan B. Chávez de Catacamas; a Mónico Díaz Moncada de Concordia y a Gregorio Zelaya de Salamá, aparte de la autorización que le doy en circular cifrada de esta fecha. – *D. Gutiérrez.*

Comandantes de Armas, Departamentales y Seccionales. – Dic. 17 de 1923. – Queda Ud. autorizado ampliamente para capturar sin pérdida de tiempo a todo aquel individuo que *aún por leves sospechas* esté sindicado como agente revolucionario o esté comprometido de cualquier modo con estos. – *D. Gutiérrez.*

Comandante de Puerto Cortés. – Diciembre 17 de 1923. – Al recibir mi telegrama *ordenándole que haga la exhibición de Rubén Bermúdez, manifieste Ud.* a la Corte de San Pedro Sula que este quedó en libertad y desapareció ignorando su paradero, por cuya razón no puede exhibirlo. Afmo. – *D. Gutiérrez.*

Coronel Ángel Matute. – Ceiba. – Dic. 17 de 1923. – En esta fecha ha sido nombrado Ud. jefe expedicionario en ese departamento bajo la dependencia del inspector de esa zona y jefe de operaciones general Carlos Lagos, quedando Ud. *ampliamente autorizado* para reprimir todo movimiento revolucionario capturando a cualquier persona *de cualquier sexo con solo una presunción.* – *D. Gutiérrez.*

Gral. Arturo Matute. – Tela. – Diciembre 17 de 1923. – Hoy ha sido Ud. nombrado jefe expedicionario en esa Sección Militar dependiente del inspector y jefe de Operaciones general Carlos Lagos, quedando Ud. *autorizado ampliamente* para reprimir todo conato de revuelta *capturando* en consecuencia a cualquier persona de cualquier sexo que por simple sospecha a juicio de Ud. esté de algún modo comprometida en estos movimientos. – *D. Gutiérrez*.

Coronel Simón Aguilar. – San Pedro Sula. – Diciembre 17 de 1923. – Hoy ha sido Ud. nombrado jefe expedicionario en ese puerto con dependencia del inspector y jefe de operaciones general Carlos Lagos, quien llegará mañana a esa ciudad. Desde luego queda Ud. *autorizado ampliamente* para capturar a todos aquellos de cualquier sexo que de algún modo estén comprometidos en los movimientos sediciosos que se anuncian, con solo una presunción grave. – *D. Gutiérrez*.

Gobernadores políticos de la República. – Enero 23-1924. – Sírvase proceder inmediatamente a la captura de los *principales cariístas* de su jurisdicción y que estime peligrosos como elementos de acción. – *José Ángel Zúñiga Huete*.

Sana Rosa, noviembre 2 de 1923. – Dres. Carlos Lagos Ángel Zúñiga Huete. – Ayer sustituyeron subdirector de Policía de esta, que es liberal, por un cariísta consumado, sin motivo justificable. Sábese que algunos oficiales de alta están sacando parque para entregárselo a conservadores quienes públicamente manifiestan levantarse pronto contra Partido Liberal. Los mismos oficiales han andado amenazando en estado ebriedad a nuestros correligionarios y vivando Carías. Esperamos que Uds. *pondrán pronto remedio* antes que sea tarde. Aquí liberales sin excepción estamos resueltos a no dejar el partido y sostener el Gobierno. – Afmo. – *A. Pineda Arias*.

San Pedro, enero 18. – Dr. Ángel Zúñiga Huete. – La pretensión de los diputados cariístas de levantar el estado de sitio, es natural; favorece la conspiración de sus correligionarios, bien comprobada en distintas partes del país, principalmente esta costa, donde los procesos instruidos son elocuentes. Las medidas tomadas y principalmente la captura y persecución de los principales instrumentos de acción, han impedido hasta ahora la revuelta. No dudo que los demás diputados resolverán con cordura. – *Carlos Lagos*.

Tela, enero 18. – Ministro de Guerra. – Acuso recibo de su atento telegrama del 11, llegado hoy en que participa reunión entre candidatos habida en la Legación Americana, sin llegar a ninguna solución. Es demasiado sensible que hasta esta hora se mantenga en tan honda expectación al país, pero se aguarda que los tres candidatos lleguen al fin a una feliz inteligencia para salvar a la Patria. Le ruego tenerno al tanto de resolución definitiva a que se llegue. – *Antonio R. Elvir.*

Tegucigalpa, enero 17. – Clubs Aristas. – Estando para discutirse elección presidente, suplico decirme a quién querrían Uds. en defecto del Dr. Arias. Urge respuesta. – *Ramón Guzmán M.*

Tegucigalpa, 17 enero. – Alcaldes Municipales. – Como reflejo del sentimiento público en ese Municipio, suplico a esa Municipalidad decirme a quien prefieren en primer lugar para presidente de la República y a quién en segundo lugar. Urge respuesta. – *Ramón Guzmán M.*

Jacaleapa, enero 26. – Comandante Lara. – Yoro. – Gracias. Mi familia sigue mejor. Confíe que al ser resuelto por el Congreso, inmediatamente le avisaré el resultado. Confiaré siempre en los amigos como Ud. que estamos dispuestos si es necesario fuera a fracasar con el Gobierno antes que permitir un escándalo que viene a interrumpir la paz a nuestros habitantes. – *T. Cárcamo.*

New Orleans, diciembre 31 de 1923. – Lic. General Ernesto Alvarado. – Tegucigalpa. – Lógica impone Asamblea dilema Carías, Arias, mayorías país. Congreso respectivamente último recurso, designado presida nuevas elecciones. Felicidades. – *Joaquín Bonilla.*

San Sebastián, Gracias, diciembre 30. – Dr. P. Bonilla. – Este Departamento que dio a Ud. inequívocas pruebas de simpatías en las últimas elecciones, confía en que Ud. por el bien de Honduras y en obsequio una vez más de la memoria de su maestro, Céleo Arias, no hará dificultades para llegar a una inteligencia con Dr. Juan Ángel Arias, pues entre ambos suman mayoría de electores que profesan idéntico credo político. – *Teófilo González.*

Puerto Cortés, enero 5. – Dr. J. A. Arias. – Hoy pongo el telegrama que dice: «Sr. Presidente. – Tegucigalpa. – Creo que todavía es tiempo que Ud. como abanderado del liberalismo, trabaje por la fusión de las candidaturas Bonilla-Arias. Mientras subsista fraccionamiento familia liberal, el conservatismo va seguro al poder. Los liberales con nuestras locuras y pleitos *sin otro motivo que la ambición*, no hemos hecho más que ayudarle en sus planes a los conservadores para que consigan su triunfo. Recordará que cuando estuve a su lado colaborando en su Gobierno, siempre le decía que *no había que temerle al bonillismo ni al arismo sino al cariísmo* que estaba haciendo prestigios en el país, y Ud. nunca creyó en la sinceridad con la que le hablaba; al contrario, desconfió de mí dándole pábulo a los chismes e intrigas tramadas contra el empleado más leal que Ud. ha tenido. Los cachurecos es a quien tienen que agradecerle en su triunfo. Si Ud. no se hubiera desecho de sus principales amigos que lo llevaron al poder, el partido liberal no estaría en el peligro en que se encuentra actualmente. – Respetuosamente. – Salvador M. Cisneros». Lo saludo. – *Salvador M. Cisneros.*

Comandante Santa Bárbara. – Si a juicio de Ud. los reos de que me habla no están seguros en esas cárceles, envíelos a Omoa, dando aviso de su resolución para suministrar gastos. – *D. Gutiérrez.*

Comandante de Armas. – Con vista de las frecuentes consultas que se me dirigen en orden a capturas, etc., de individuos sindicados de conspiradores, entiendo necesario reiterar a Ud. las facultades amplias que les di en mi cifrado del 17 del corriente sobre el particular. – *D. Gutiérrez.*

Gobernador Político. – Choluteca. – Envíe debidamente custodiados a esta Penitenciaría a los reos cabecillas más peligrosos. – *Ángel Zúñiga Huete.*

Gobernador Político. – San Pedro Sula, Ceiba y Trujillo. – Remita a Omoa a todos los reos políticos de ese Departamento y los cabecillas más peligrosos. – *Ángel Zúñiga Huete.*

Gobernador Político. – Santa Bárbara. – Aquí se tienen noticias de que Ud. tiene altas complacencias con los cariístas, sin explicarse el motivo. – *Ángel Zúñiga Huete.*

Comandante de Armas. – Nacaome. – No creo demás encarecer a Ud. la más estricta vigilancia en frontera El Salvador, porque es Ud. uno de los jefes más previsores. Como Ud. ve, esa y la frontera de Guatemala son nuestra mayor atención y *es preciso vigilarlas aun por medio generales de confianza allá.* – *D. Gutiérrez.*

5 de diciembre 1923. – Gobernador político. – Ceiba. – Se ha descubierto un plan revolucionario en San Pedro Sula. Sírvase dictar las medidas de seguridad del cuartel. – *Ángel Zúñiga Huete.*

«El Eco Nacional». – León. – Brillante diputado Dr. Corleto, replicando diputados cariístas pretenden declare Congreso nulidad elecciones presidenciales de algunos pueblos con designio retardar elección presidencial por Asamblea, dijo: «Llamado Partido Nacional, integrando vasquistas, bogranistas, membreñistas, y si estos tienen derecho erigirse jueces democracia, confesemos valores invertidos en Honduras. La coacción, el fraude, lo ejercieron en alta escala autoridades y ciudadanos cariístas sin escrúpulos. Yo demostraré estos burlaron sufragio elecciones pasadas con pruebas suficientes, irrefutables». – *H. Portocarrero, corresponsal.*

Gobernadores Políticos. – Sírvase dar instrucciones a los secretarios de las Mesas Electorales de su jurisdicción, a fin de que sean certificados los documentos electorales que solicita el diputado don Ramón Guzmán M. dando aviso inmediato al cumplir tales instrucciones. – *A. Zúñiga Huete.*

Circular de 11 de diciembre de 1923. – De todas partes del país se han dirigido al Gobierno indicando que los cariístas se preparan para un próximo movimiento armado. Organice vigilancia activa sobre principales cariístas y con la menor sospecha que presenten póngalos en detención y dé aviso. – *Ángel Zúñiga Huete.*

6 de enero de 1924. – Héctor Pérez Estrada. – San Pedro Sula. – Es conveniente que esté Ud. aquí cuanto antes. Aproveche el viaje del aeroplano que saldrá mañana para esta. Reciba afectuoso saludo. – *Ángel Zúñiga Huete.*

NOTA: al pie del original del telegrama anterior, aparecen las siguientes palabras: «este telegrama llegó muy oportunamente por el asunto en el Congreso».

Comandantes y subcomandantes locales del Departamento de Ocotepeque. – Todos los cariístas que existen en su jurisdicción, si no dan su voto por Bonilla, mándelos amarrados. Deme cuenta de haber cumplido. – *José María Díaz Gómez.*

Policarpo Bonilla (foto de su juventud), el candidato presidencial con menos votos en las elecciones del 23. Su intransigencia fue una de las causas de la guerra civil del 24.

Afiche propagandístico de Juan Ángel Arias.

El general Carías Andino llegaría al poder nueve años después (1933) y se perpetuaría en el mismo hasta 1949.

www.ingramcontent.com/pod-product-compliance
Lightning Source LLC
Chambersburg PA
CBHW070331010526
44107CB00004B/491